빅터 프랭클의
삶의 의미를 찾아서

The Will to Meaning

Copyrights ⓒ 1969,1988 by Victor E. Frankl
All rights reserved including the right of reproduction in whole or in part in any form.
Korean translation rights ⓒ 2012 by Chung-A Publishing Co.,
This edition published by arrangement with Plume, a member of Penguin Group (USA) Inc. through Shinwon Agency.

이 책의 한국어판 저작권은 신원 에이전시를 통한 저작권자와의 독점계약으로 청아출판사에 있습니다.
신 저작권법에 의해 한국 내에서 보호를 받는 저작물이므로 무단전재와 무단복제를 금합니다.

빅터 프랭클의
삶의 의미를 찾아서

빅터 프랭클 지음 · 이시형 옮김

청아출판사

Contents

머리말 7
옮긴이의 글 12
서문 15

1 로고테라피의 기본 원리

임상적인 것을 넘어선 정신요법의 함축적 의미 33
인간 현상으로서의 자기 초월 55
의미가 뜻하는 것은 무엇인가 83

2 로고테라피의 응용

실존적 공허와 정신의학에의 도전 133
로고테라피의 테크닉 157
의학적 정신 지도 183

3 로고테라피에 대한 결론

의미의 차원 223

후기 246
참고 문헌 265

머리말

이 책은 내가 1966년 여름 학기에 미국 텍사스 주 댈러스에 있는 남부 감리교 대학교의 퍼킨스 신학교에서 했던 초청 강연의 내용을 정리한 것이다. 이 강연에서 나는 다른 정신요법과 구별되는 로고테라피 체계의 고유한 특징에 대해 설명해 달라는 요청을 받았다. 그 동안 많은 학자들이 지적해 온 것처럼 로고테라피는 여타의 실존주의 정신의학파와는 대조적으로 자기만의 고유한 정신요법을 발전시켜 왔다. 그럼에도 불구하고 로고테라피가 체계적인 방식으로 개념이 정리된 최근의 정신요법이라는 사실에 관심을 갖는 사람은 거의 없는 것 같다.*

체계의 '기본 원리'를 다루면서 이 책은 먼저 로고테라피의 기반을 이루고 있는 기본적인 가설과 교의를 제시한다. 이 가설과 교의들은 서로 연결되어 있는 하나의 고리를 형성하고 있으며, 바로 그 점에서 로고테라피는 다음과 같은 세 가지의 개념을 바탕으로 하고 있다.

첫번째, 자유 의지 그리고 두번째, 의미를 찾으려는 의지, 세번째, 삶의 의미이다. 첫번째, 자유 의지를 다룬 부분에는 결정론 대 범결정론과 관련된 쟁점들이 포함되어 있다. 두번째, 의미를 찾으려는 의지는 아들러 학파와 프로이트 학파가 각각 주장했던 권력에의 의지와 쾌락에의 의지와는 구별되는 개념으로 논의될 것이다. 엄밀하게 말하자면 권력에의 의지라는 말은 아들러가 만든 것이 아니라 니체가 만들었다고 할 수 있으며, 프로이트의 쾌락 원리를 상징하는 쾌락에의 의지라는 말은 프로이트가 아니라 내가 만들어낸 말이다. 무엇보다도 쾌락 원리는 그보다 광범위한 개념인 항상성의 원리 homeostasis principle** 의 견지에서 보아야만 한다. 이 두 이론을 동시에 비판하면서 로고테라피의 동기 이론에 대해 상세하게 설명할 것이다. 세번째, 삶의 의미는 상대론 대 주관론에 관한 쟁점과 연관을 가지고 있다.

이 책에서 다루고자 하는 로고테라피는 세 가지 방면에 적용

---

* Jean Battista Torello가 《죽음의 수용소에서》의 이탈리아 번역본 서문에서 이렇게 말했다.
** 실제 원칙에 있어서 후자가 항상성 원리의 목적이 되는 것과 같이 이것은 쾌락 이론의 목적이 된다. 우리 이론에 그것을 확실하게 포함시킬 필요가 없는 이유가 바로 여기에 있다.

된다. 먼저 로고테라피는 noogenic 신경증의 치료에 적용될 수 있다. 둘째, 로고테라피는 정신적 요인에 의한 psychogenic 신경증, 즉 일반적인 의미의 신경증을 치료하는 데 적용될 수 있다. 그리고 셋째, 로고테라피는 신체적인 요인에 의한 somatogenic 신경증, 즉 그런 점에서 신체적 요인에 의한 질병 전반에 적용될 수 있다. 보다시피 인간 존재의 모든 차원들이 이 일련의 주제에 반영되어 있다. 책의 서문에서는 로고테라피를 다른 정신치료 학파들과 함께, 특히 정신치료 분야에서의 실존주의와 관련된 문제와 함께 다루게 된다. 그리고 마지막 장에서는 로고테라피와 신학과의 대화를 다룰 것이다.

나는 로고테라피의 개별적인 교의에 대한 서술이나 구체적인 사례를 제공하는 자료 중에서도 최근에 전개된 것들을 이 책에 포함시키려고 노력했다. 하지만 체계 전체의 완전한 그림을 보여 주고 싶은 욕심 때문에 전에 출판한 책에 이미 실려 있는 자료들을 다시 인용하지 않을 수 없었다.*

내가 실존적 공허라고 이름붙인 증상이 정신의학에 도전장을 던지고 있다. 점점 더 많은 환자들이 공허감과 무의미한 감정을 호소하고 있는데, 나에게는 이런 증상이 다음의 두 가지 요인에서 비롯된 것으로 보인다. 동물과는 달리 인간에게는 그가 해야 할

---

* 빅터 프랭클의 《죽음의 수용소에서》의 고든 W. 알포트의 서문을 참조하라.

일을 알려 주는 본능이 없다. 그리고 이전 시대의 사람들과는 달리 요즘 사람들은 더 이상 그에게 무엇을 해야 한다고 말하는 전통의 지시를 받지 않는다. 사람들이 자기가 진정으로 원하는 것이 무엇인지 모르는 경우가 많다. 그래서 그저 다른 사람들이 하는 대로 행동하고 싶어 하는 순응주의자이거나 다른 사람들이 원하는 행동을 하고 싶어 하는 전체주의자이다.

나는 이 책을 통해 독자들에게 전통의 붕괴에도 불구하고 삶은 각각의 사람에게 모두 의미 있는 것이며, 더 나아가 말 그대로 숨을 거두는 순간까지 그 의미를 갖고 있다는 나의 믿음이 성공적으로 전달되기를 바란다. 그러면 정신과 의사들은 자기 환자에게 삶이, 의미를 갖는 일을 멈추지 않는다는 것을 보여 줄 수 있을 것이다. 물론 의사가 환자에게 그 의미가 무엇인지 보여 줄 수는 없다. 하지만 그에게 '의미'라는 것이 있고, 삶이 그것을 가지고 있으며, 어떤 조건에서도 그것이 의미 있는 것으로 남을 것이라는 사실을 보여 줄 수는 있다. 로고테라피가 가르치는 바와 같이 피할 수 없는 시련과 같은 삶의 비극적이고 부정적인 측면도 인간이 자기 곤경을 받아들이는 자세를 통해 인간 승리로 바꿀 수 있다. 다른 대부분의 실존주의 학파와는 대조적으로 로고테라피는 결코 염세적인 것이 아니다.

인간 존재에 도사리고 있는 삼대 비극 요소인 고통, 죽음, 죄와 대면한다는 점에서 그것은 현실적이다. 로고테라피는 낙관적인 것이라고 불러야 옳다. 왜냐하면 로고테라피는 환자에게 어떻게 절망을 승리로 바꾸는지를 보여 주기 때문이다.

전통이 점점 쇠퇴해가는 요즘 같은 시대에 정신의학의 주된 과제는 인간에게 의미를 발견할 수 있는 능력을 갖추도록 해주는 것이다. 십계명이 많은 사람들에게 절대적인 효력을 잃은 것처럼 보이는 요즘 같은 시대에는 인간의 삶을 구성하고 수천 개의 상황들이 지니고 있는 수천 개의 계명을 듣는 법을 배워야 한다. 바로 이 점에서 나는 독자들이 이 책을 통해 로고테라피가 우리 시대의 요구에 대해 말하고 있다는 사실을 발견하기 바란다.

오스트리아의 빈에서
빅터 E. 프랭클

옮긴이의 글

좋은 책을 소개한다는 것은 만만치 않다.

일단 원작자의 이론을 파악하는 것이 쉽지 않으며, 그 이론들을 우리나라의 독자들이 충분히 이해할 수 있게 설득력 있는 글로 재창조한다는 것이 어려운 일임에 틀림없다.

지난번 《죽음의 수용소에서》에 이어 이번에는 《삶의 의미를 찾아서》라는 책을 번역하게 되었다. 물론 원작에 이끌려 한국 독자들에게 소개하고 싶은 욕심에서 시작했지만, 어려운 일이 한둘이 아니다. 가장 난감한 일은 원작의 논지에 역자가 선뜻 동의하기 힘든 대목에서다. '이건 아닌데…' 하는 생각이 들 때도 있지만, 역자의 견해를 전면에 내세울 수는 없다. 원칙에 충실해야 한다는 진리가 있기 때문이다. 지금까지 몇 권을 번역해 봤지만, 이런 어려움이 있을 때마다 많은 생각들이 오고간다. 이럴 바에는 차라리 졸작이더라도 나의 책을 써서 독자의 비판을 기다리는 것이 훨씬 낫겠다는 생각을 할 때도 있다.

그러나 빅터 프랭클의 저서만큼은 전혀 그런 갈등이 없어서 좋다. 이해하기 어려운 대목에서 주춤거려야 했던 적은 있지만 어느 한구석 고개를 갸우뚱거려야 할 대목은 없었다. 그의 논지는 명쾌하고 분명하다. 책상에 앉아 만들어낸 이론이 아니라 몸으로 부딪쳐서 얻은 생생한 체험이기 때문이다.

사노라면 누구나 자주, 또는 가끔 '의미'라는 화두 앞에 언제나 망설이게 된다. 넓게는 삶의 의미에서부터 좁게는 일상의 하찮은 일에까지 도대체 내가 왜, 무엇 때문에 이렇게 해야 하는지, 생각하면 할수록 아득한 느낌이 들 때가 있다.

나는 그럴 때마다 이 책을 펼친다. 저자의 폭넓은 경험과 풍부한 이야깃거리에 나도 모르게 끌려든다. '의미'라고 하면 꽤나 심오한 철학적 사색을 요구하는 난해한 숙제일 것 같은 선입견과는 전혀 다르다. 저자는 아주 재미있고 쉽게 풀어간다. 무거운 주제를 이렇게 재치있게 풀어갈 수 있다는 것이 존경스럽다. 때로는 폭소를 자아내게 하는 대목에서 통쾌하기까지 하다. 그런가 하면 사색적인 독자들에게는 두고두고 곱씹으면서 음미해야 할 화두도 던진다.

한마디로 재미있고 의미있고 그리고 조금 깊게 사색하는 맛을 주는 책이다. 이 책이 시공을 초월해서 온 세계 독자들에게 폭넓은 공감을 불러 일으킨 까닭이 이해가 된다. 무엇보다 나 자신의 인생을 되새겨 보는 자극제로서, 그리고 나의 정신과 임상에서 어떤 책, 어느 스승보다 유용한 지침서로서 감동을 주고 있다.

얼마 전 《죽음의 수용소에서》에 이어 이 책을 설레는 마음으로 독자들에게 내놓는다. 한 가지 양해를 구할 것은 저자가 쓴 새로운 개념의 단어들은 원문 그대로 쓰기로 한다. 어설픈 번역이 오히려 혼란을 불러 일으킬 것 같아서다. 그리고 앞뒤를 읽어 보면 무슨 의미인지 충분히 이해할 수 있기 때문이다.

부디 험난한 세상에 좋은 벗이 될 것을 확신하면서….

2005년 9월

서문 : 정신치료법의 현황과 로고테라피의 위치

정신치료법이 처한 현재의 상황은 실존주의 정신의학의 등장을 그 특징으로 하고 있다. 사실 그 동안 정신의학에 실존주의를 주입시켜 온 것이 현대 정신의학의 두드러진 동향이었다. 그러나 실존주의에 대해 말할 때, 우리는 실존주의자들의 수만큼이나 많은 종류의 실존주의가 있다는 사실을 염두에 두어야 한다. 무엇보다도 실존주의자들은 각자 자신의 철학을 자신만의 고유한 방식으로 만들어낼 뿐 아니라 다른 사람이 사용하는 것과는 다른 방식으로 자신의 용어를 사용하고 있다.

예를 들자면 실존Existence이나 현존재Dasein와 같은 용어가 야스퍼스와 하이데거의 글에서 서로 다른 의미로 쓰이는 것과 같은 경우이다. 그럼에도 불구하고 실존주의 정신의학에 소속되어 있는 개별적인 학자들이 공통으로 가지고 있는 것이 있다. 즉 공통분모가 있다는 말이다. 그 공통분모란 바로 이 학자들이 자주 사용하는 말이면서 또 너무 많이 오용되고 있는 말이기도 한데, 그것은 "세상 안의 존재"라는 말이다. 수많은 학자들이 자기 글에 수시로 "세상 안의 존재"라는 문장을 등장시키면 진정한 실존주의자로 인정받을 자격이 충분히 있다고 생각하는 것 같다. 하지만 나는 이것이 과연 그 사람을 실존주의자라고 부르기에 충분한 근거가 되는지 의심스럽다. 왜냐하면 흔히 볼 수 있는 것처럼 하이데거의 '세상 안의 존재'라는 개념이 대개의 경우 지극히 주관적인 방향에서 잘못 이해되고 있기 때문이다. 마치 인간 존재가 '있는' 그 '세상'이 존재 그 자체에 대한 자기 표현에 지나지 않는 것으로 오해하고 있는 것이다.

 나는 현재 만연해 있는 이런 오해에 대해 적극적으로 비판을 한다. 왜냐하면 실제로 나 자신이 마틴 하이데거와 개인적으로 만나 이 문제에 대해 대화를 나누었을 뿐만 아니라 하이데거 자신도 이 문제에 대한 나의 지적에 공감했기 때문이다.

 실존주의 분야에서 오해가 빚어질 수 있다는 것은 이해할 만한 일이다. 지금으로부터 약 30년 전에 빈에서 정신의학과 실존주의를 주제로 강의를 한 적이 있었다. 그때 나는 청중들에게 두 개의 인용문을 보여 준 다음 그중 하나는 하이데거의 글에서 따온 것이고, 다른 하나는 내가 일하고 있는 빈 국립병원에 입원해 있는 정신분열증 환자가 한 말이라고 말해 주었다. 그런 다음 두 가지 중 어느 것이 하이데거의 말이고, 어느 것이 정신분열증 환자의 말이라고 생각하는지 투표를 하도록 했다. 그런데 믿을지 모르겠지만 압도적인 숫자의 사람들이 하이데거의 인용문을 정신분열증 환자가 한 말이라고 생각한 것으로 나타났다. 이것은 물론 그 반대로 정신분열증 환자의 말을 하이데거의 말이라고 생각한 사람들도 압도적으로 많았다는 것을 의미한다.

    그러나 실험 결과가 이렇게 나왔다고 해서 성급한 결론을 내리는 것은 금물이다. 이것이 하이데거의 위대함을 뒤집는 것은 결코 아니다. 그가 많은 학자들이 생각하는 것처럼 위대한 사람인 것은 틀림없는 사실이다. 그보다는 오히려 이제까지 알려지지 않았던 생각과 감정들, 위대한 철학자가 창안해낸 혁신적인 사상이든 아니면 정신분열증 환자가 체험한 이상한 감정이든 간에 이런 생각과 감정들을 표현하기 위한 일상 언어의 수용 능력을 비판하는 것이다. 이것들을 한데 묶는 것이 무엇보다 중요하다. 그리고 나는 이 책이 아닌 다른 곳에서 현대 예술가들에게 이와 유사한 예가 적용된다는 것을 보여 준 바 있다.*

---

*Viktor E. Frankl, 〈Psychotherapy, Art and Religion〉, 《Psychotherapy and Existentialism, Selected Paper on Logotherapy》, Washington Square Press, New York, 1967.

내가 로고테라피라고 부르는 이 치료법이 차지하고 있는 위치(이것은 이 책의 주제이기도 하다)는 어디일까? 많은 학자들이 생각하고 있는 것처럼 이것은 실존주의 정신의학의 범주에 들어간다.* 실제로 30대 때, 나는 20대 때에 만든 로고테라피라는 용어에 대한 대안으로 'Existenzalyse'라는 말을 만들어내기도 했었다. 그 후 미국의 학자들이 로고테라피에 대한 책을 처음 출판했을 때, 'Existenzalyse'라는 말을 영어로 '실존적 분석'이라고 번역해서 소개했다. 하지만 불행히도 'Daseinsanalyse'라는 용어를 번역해 소개한 학자는 없었다. 이 말은 1940년 대에 스위스의 위대한 정신의학자 고(故) 루드비히 빈스방거가 자기 이론을 나타내기 위해 사용한 용어였다. 그때부터 실존적 분석이라는 말은 아

---

*이와 관련된 문제를 다루고 있는 참고문헌으로는 다음과 같은 것이 있다.
Viktor Frankl, 《Man's Searching for Meaning : An Introduction to Logotherapy》, Washington Square Press, New York, 1963, Aaron J. Ungersma, 《The Search for Meaning : A New Approach to Psychotherapy and Pastoral Psycholoigy》, The Westminster Press, Philadelphia, 1961.
Donald W. Tweedie, 《Logotherapy and the Christian Faith : An Evaluation of Frankl's Existential Approach to Psychotherapy》, Baker Book House, Grand Rapids, Michigan, 1965.
Robert C. Leslie, 《Jesus and Logotherapy : The Ministry of Jesus as Interpreted Through the Psychotherapy of Viktor Frankl》, Abingdon Press, New York, 1965.
Godfryd Kaczanowski, in Arthur Burton, 《Modern Psychotherapeutic Practice : Innovation in Technique》, Science and Behavior Books, Palo Alto, California, 1965.
James C. Crumbaugh, 〈The Application of Logotherapy〉, 《Journal of Existentialism》 5 : 430-412, 1965.
Joseph Lyons, 〈Existential Psychotherapy : Fact, Hope, Fiction〉, 《Journal of Abnormal and Social Psychology》 62 : 242-249, 1961.
Lawrence A. Pervin, 〈Existentialism, Psychology, and Psychotherapy〉, 《American Psychologist》 15 : 305-309, 1960.

주 애매모호한 용어가 되어버렸다. 이런 상황 때문에 생기게 되는 혼동을 막기 위해 내 책의 영문 번역판에서는 실존적 분석이라는 용어를 사용하는 것을 될 수 있는 대로 피했다.

나는 엄밀한 의미에서 치료라고 부를 수 없는 상황에 대해서도 로고테라피라는 용어를 사용했다. 예를 들어 로고테라피를 실행하는 데에 있어서 의학적 정신지도가 중요한 비중을 차지하고 있는 것은 사실이지만, 로고테라피가 정말로 필요한 것은 환자가 불치의 병에 걸려 실제적인 치료가 불가능한 경우라는 점에서도 알 수 있다. 지극히 광범위한 의미에서 로고테라피는 심지어 이런 때에도 일종의 치료가 된다. 돌이킬 수 없는 운명을 대하는 환자의 마음가짐에 대한 치료인 것이다.

로고테라피는 그 동안 실존주의 정신의학의 전면에 서 있었을 뿐만 아니라 이 분야에서 테크닉이라고 불러도 좋을 만한 것을 개발하는 데 성공한 유일한 학파로 인정받아 왔다.* 그러나 이것이 곧 우리 로고테라피 의사들이 테크닉의 중요성을 과대평가하고 있다는 것을 의미하는 것은 아니다. 우리는 이미 오래 전에 치료에서 중요한 것은 테크닉이 아니라 의사와 환자 혹은 한 개인과 실존적 대면자 사이의 인간적인 관계라는 것을 알았다.

---

* 적어도 Ungersma, Tweedie, Leslie, Kaczanowski, Lyons, Crumbaugh와 같은 학자들은 이렇게 주장하고 있다.

정신과 치료를 순전히 테크닉의 측면에서만 접근하면 그 치료 효과가 제약을 받을 수 있다. 언젠가 미국 대학교에서 허리케인으로 수재를 당한 사람들을 돌보는 정신과 의사들을 앞에 두고 강의 요청을 받은 적이 있다. 그때 나는 요청에 응했을 뿐만 아니라 직접 '생존의 기술과 역학'이라고 강의 제목을 정해 주기도 했다. 주최측이 분명히 좋아할 제목이었다. 하지만 강의를 시작하면서 나는 이렇게 솔직하게 이야기 했다.

우리가 자신의 임무를 단지 기술적이고 역학적인 견지에서만 해석한다면 우리는 중요한 것을 놓치는 것은 물론이고, 정신적 응급 처치를 해주어야 하는 사람들의 마음을 놓치게 된다는 말이었다. 인간을 단순히 기술적으로 접근한다는 것은 곧 그들을 교묘하게 조작한다는 것을 의미하며, 그저 역학적인 견지에서 그들에게 접근한다는 것은 곧 그들을 물화(物化)시켜서, 인간이라는 존재를 하나의 물체로 만든다는 것을 의미한다. 물론 그 대상이 되는 사람들도 곧 우리의 접근법이 작위적이고 자기들을 물화시키는 경향이 있다는 것을 알아차리게 된다. 나는 인간을 한낱 물체로 만드는 것이야말로 정신치료법이 지닌 원죄라고 말하고 싶다. 인간은 물체가 아니다. 인간이 물체가 아니라는 이런 개념이 바로 우리가 실존주의로부터 배운 교훈이다.

또 다른 강연 여행 중에 산 쿠엔틴 교도소의 초청으로 수감자들을 상대로 연설을 한 적이 있었는데, 그때 나는 내 연설이 수감자들로 하여금 진정으로 다른 사람의 이해를 받았다는 느낌을 갖게 한 최초의 경험이었다는 것을 확신할 수 있었다. 당시 내가 한 것은 그렇게 특별한 것이 아니었다. 그들을 수선해야 할 기계로 취급하지 않고 그저 하나의 인간으로 취급했을 뿐이다. 나는 그들이 그 동안 자신들을 해석해 왔던 방식대로 그들을 해석했다. 다시 말하자면 자유 의지를 가지고 책임을 지닌 하나의 인간으로 그들을 해석했다는 것이다. 나는 그들로 하여금 스스로를 생물적, 심리적, 사회적 조절 과정의 희생자로 생각하도록 함으로써 죄책감으로부터 쉽게 빠져 나갈 수 있는 방법을 제시하지도 않았다. 자아와 초자아 그리고 이드의 격전장에 놓여 있는 무기력한 졸(卒)로 취급하지도 않았다. 나는 그들에게 알리바이를 제공하지도 않았다. 그들의 죄를 사해 주지도 않았다. 그것에 대해서 변명하지도 않았다. 그들을 나와 동등한 인간으로 보았다. 그들은 죄를 짓는다는 것이 인간만이 가질 수 있는 특권이라는 것과 그 죄를 극복하는 것도 인간만이 가질 수 있는 특권이라는 것을 배웠다.

 산 쿠엔틴 교도소의 수감자들 앞에서 강연할 때 내가 사용했던 것이 진정한 의미의 현상학이 아니었을까? 실제로 현상학은 인간이 정신역학이나 사회경제학적 가설에 의해 제공된 예상된 해석이나 설명의 패턴에서 벗어나 자신에 대해 이해하고, 자신의 존재에 대해 해석하는 방법을 표현하기 위한 하나의 시도라고 할 수 있다. 현상학적 방법론을 적용하자면 로고테라피는 폴 폴락*

의 말처럼 인간의 편견 없는 자기 이해를 특별한 용어로 표현하려고 노력하는 치료법이라고 할 수 있다.

이제 다시 테크닉 대(對) 만남의 문제로 돌아가 보자. 정신의학은 그것이 예술이라는 점에서 단순한 테크닉을 넘어선 것이며, 지혜롭다는 점에서 순수한 과학을 능가한다. 그러나 지혜조차도 마지막 단어가 아니다. 강제수용소에서 나는 자살한 여자의 시신을 본 적이 있다. 그녀의 유품 중에 그녀가 쓴 글이 적힌 종이가 있었다.

"운명보다 더 강한 것은 그것을 견디는 용기이다."

이런 모토에도 불구하고 그녀는 자신의 생명을 버렸다. 인간의 손길이 없으면 지혜도 별 의미가 없는 것이다. 최근에 새벽 세 시에 어떤 여자로부터 전화를 받았다. 그녀는 자살을 하려고 결심했는데 이것에 대해 내가 어떻게 얘기할지 궁금하다고 했다. 나는 이런 식의 해결 방법에 반대하고, 생존을 존중하는 모든 문제들에 대해 대답을 했다. 그녀와 30분 동안 이야기를 나누었다. 그녀가 마침내 자기 생명을 버리지 않을 것이며, 병원에 와서 나를 만나

---

* Paul Polak, 〈Frankl's Existential Analysis〉, 《American Journal of Psychotherapy》 3, 1949, pp. 517-522.

겠다고 말할 때까지. 그러나 그녀가 나를 찾아왔을 때 제시했던 그 모든 문제 중에서 어느 것 하나도 영향을 주지 못했다는 것을 알 수 있었다. 그녀가 자살을 하지 않겠다고 결심하게 된 단 하나의 이유는 내가 한밤중에 수면을 방해받았다는 이유로 화를 내지 않고, 30분 동안이나 참을성 있게 그녀의 이야기를 들어주고 그녀와 이야기를 나누었으며, 따라서 이런 일이 있을 수 있는 세상은 살 만한 가치가 있는 세상이라고 생각했기 때문이라고 했다.

정신치료법에 관한 한 인간 존재가 그 자신의 인간다움 안에서 계속 새롭게 자리매김해 왔다는 것은 주로 고(故) 루드비히 빈스방거의 공로라고 할 수 있다. 그리고 점점 더 '나와 너'의 관계가 문제의 핵심으로 여겨질 수 있게 되었다. 그러나 이것을 훨씬 넘어서서 우리가 들어가야 하는 또 다른 차원이 여전히 존재한다. 나와 너의 만남이 완전한 진실, 완전한 이야기가 될 수는 없다. 인간 존재의 자기 초월적인 특성이 인간이 자신을 넘어선 곳까지 도달하는 존재로 만든다. 따라서 만약에 페르디난드 에브너와 함께 마틴 부버가 인간 존재를 기본적으로 '나와 너' 사이의 대화라는 견지에서 해석했다면, 우리는 '나와 너'가 자신들 밖에 존재하는 의미를 가리키며, 자신들을 초월하지 않는 한 대화 자체가 무산되고 만다는 것을 알아야 한다.

정신치료는 기본적으로 두 사람이 대면하는 것인데, 이때 서로 마주보고 있는 사람은 두 개의 세포가 아닌 인간이다. 존재의 의미, 즉 로고스를 가지고 마주하고 있는 인간 존재인 것이다.

나와 너의 만남에 강조점을 둠으로써 현존재 분석은 서로 마주보고 있는 사람들이 상대편의 이야기를 진심으로 들을 수 있도록 해주었으며, 그들을 존재론적 청각장애로부터 해방시켜 주었다. 그러나 우리는 그들을 존재론적인 시각장애로부터도 해방시켜 주어야 하며, 존재의 의미가 전방에서 빛나도록 해주어야 한다. 로고테라피를 시행하는 것이 바로 이 단계이다. 로고테라피는 현존재 분석, 즉 존재론적 분석(존 M. 쉐르의 번역을 따르면)을 넘어선다. 존재는 물론이고 로고스, 즉 의미에도 관심을 기울인다. 그런 의미에서 로고테라피는 단순한 분석이 아니라 그 이름이 시사하는 바와 같이 치료법이라고 할 수 있다. 루드비히 빈스방거도 언젠가 나와 이야기를 나누는 중에 이런 말을 한 적이 있다. 자기 생각에는 로고테라피가 존재론적 분석보다 문제를 해결하는 데에 더 적극적인 방법이며, 더 나아가 그것을 하나의 치료법으로 존재론적 분석에 추가할 수도 있다는 것이다.

지나치게 단순하게 로고테라피를 글자 그대로 해석해서 의미를 통한 치유(조셉 B. 패브리)*라고 정의하는 사람도 있다. 물론 우리는 로고테라피가 만병통치약이 아니라는 점을 명심해야 한

---

*Joseph B. Fabry, 《The Pursuit of Meaning : Logotherapy Applied to Life》, Beacon Press, Boston, 1968.

다. 적용할 수 있는 경우가 있는가 하면 적용이 금기시되는 경우도 있다. 앞으로 나올 제2장에서 얘기하겠지만 로고테라피에 관한 문제에 있어서 로고테라피는 우선 신경증의 경우에만 적용할 수 있다. 바로 여기서 로고테라피와 존재론적 분석 사이의 또 다른 차이점이 명백해진다. 빈스방거가 정신의학에 끼친 공헌은 정신병에 대한 올바른 이해, 보다 구체적으로 말하자면 정신병을 세상 속에 있는 특별하고도 독특한 정신의 한 형태로 보았다는 것으로 요약될 수 있다. 존재론적 분석과 대조적으로 로고테라피는 정신병을 올바르게 이해하는 것에 목표를 두지 않고, 신경증을 보다 빠른 기간에 치료하는 것에 목표를 둔다.

이와 관련해서는 빈스방거의 성과가 결국 하이데거의 개념을 정신의학에 응용한 것인 반면 로고테라피는 막스 쉘러의 정신치료법을 적용한 결과라고 주장하는 학자들을 언급할 수 있을 것이다. 그렇다면 쉘러와 하이데거 그리고 이들의 철학이 로고테라피에 끼친 영향에 대해 이야기하고 난 후 프로이트와 아들러는 어떨까? 로고테라피가 이들에게는 빚을 적게 지고 있을까? 결코 아니다. 사실 나의 첫번째 책의 첫 문장을 읽은 사람은 내가 거인 어깨 위에 서서 거인 주변에 있는 것만 볼 수 있는 난장이를 비유로 들면서 이 문제에 대해 이야기한 것을 기억하고 있을 것이다.

결국 정신분석은 모든 종류의 정신치료에 없어서는 안 될 기초가 되고 있으며, 앞으로 어떤 새로운 학파가 나타난다고 해도 영원히 그럴 것이다. 그러나 그것은 또한 기초로서의 운명을 겪게 될 것이다. 말하자면 그 위에 합당한 건물이 세워지게 되면 눈에 보이지 않게 될 것이라는 말이다.

프로이트는 진정한 천재로서 스스로가 기초에 대한 연구, 보다 심층적인 요소, 인간존재의 저변에 대한 연구에 한정되어 있다는 사실을 잘 알고 있었다. 루드비히 빈스방거에게 보낸 편지에서 그는 "나는 내 자신을 인간이라는 건물의 기반과 기초에 한정시키고 있다"라고 쓴 바 있다.*

어떤 책에 대한 서평**에서 프로이트는 위대한 학자에게 존경심을 갖는 것은 미덕이지만, 사실에 대한 존경심이 그것을 초월하고 능가해야 한다는 자신의 신념을 나타냈다. 프로이트가 세상을 떠난 후에야 전면으로 드러난 그런 사실들에 비추어서 프로이트의 정신분석을 다시 해석하고 평가해 보자.

정신분석에 대한 재해석들은 프로이트 자신이 했던 정신분석에서 벗어나 있다. 콜럼버스는 신대륙을 발견했을 때 자신이 인도로 가는 새로운 길을 발견했다고 생각했다. 이와 마찬가지로 프로이트가 믿었던 것과 그가 성취한 것은 달랐다. 그는 인간을 기계적인 이론으로 설명할 수 있고, 그 영혼을 테크닉을 통해 치유할

---

* Ludwig Binswanger, 《Reminiscences of a Friendship》, Grune & Stratton, New York, 1957.
** Sigmund Freud, 〈Über Forel : Der Hypnotismus, seine Bedeutung und seine Handhabung〉, 《Wiener medizinische Wochenschrift》 34, 1889.

수 있다고 믿었다. 하지만 실재하는 사실에 비추어 그것을 다시 평가해 보면 그가 성취한 것은 의도했던 것과는 다른 것, 그렇지만 여전히 일리가 있었다.

지그문트 프로이트의 말에 의하면 정신분석은 두 개의 개념에 기초를 두고 있다고 한다. 신경증의 원인으로서의 억압과 그것의 치유로서의 전이(轉移)이다. 이 두 가지 개념의 중요성을 믿는 사람이라면 누구나 자신을 정신분석학자라고 생각하고 또 그렇게 불러도 좋다.

억압은 증대하는 의식의 반작용을 받는다. 억압된 인격은 자각을 하도록 해야 한다. 즉 프로이트가 지적한 대로 이드가 있었던 곳에 자아가 와야 한다. 19세기의 기계론적인 이데올로기를 버리고 20세기 실존철학의 눈으로 보면 정신분석은 인간의 자기 이해를 촉진시켰다고 할 수 있다.

이와 마찬가지로 전이의 개념 역시 정제되고 정화될 수 있다. 아들러 학파의 정신의학자인 루돌프 드라이쿠르스는 일찍이 프로이트가 주장한 전이의 개념이 작위적인 성격을 가지고 있다는 점을 지적한 바 있다.* 이런 작위적인 성격을 버리면 전이는 '나와 너의 관계'에 기반을 두고 있는 사람들을 서로 연결해 주는 매개

---

* Rudolf Dreikurs, 〈The Current Dilemma in Psychotherapy〉, 《Journal of Existential Psychiatry》 1 : 187-206, 1960.

체로 이해될 수 있다. 실제로 자기 이해에 도달하려면 만남의 중재를 받아야 한다. 이드가 있는 곳에 에고가 있어야 한다는 프로이트의 말을 확대 해석해 보면, 이드가 있는 곳에 에고가 있어야 하지만 '오로지 너를 통해서만이 에고가 에고가 될 수 있다'고 할 수 있을 것이다.

억압의 먹이로 전락한 것이 무엇인가라는 문제에서 프로이트는 그것이 성(性)이라고 믿었다. 실제로 그가 살던 시대에는 성이 아주 지나치게 억압되어 있었다. 이것은 청교도주의 때문이었고, 이런 청교도주의가 앵글로 색슨 국가들의 지배적인 가치관이었다. 정신분석을 가장 기꺼이 수용하고, 프로이트를 넘어서려는 정신의학파에 대해 거부감을 나타낸 나라들이 바로 이런 나라들이라는 것은 그다지 놀랄 만한 일이 아니다.

정신분석을 심리학이나 정신의학과 동일시하는 것은 변증법적 유물론을 사회학과 동일시하는 것과 마찬가지로 대단히 잘못된 것이다. 프로이트이즘이나 막시즘 모두 과학 자체라기보다는 과학에 대한 하나의 접근법이라 할 수 있다. 교의가(서양적인 방식이든 동양적인 방식이든) 하나의 종파인지 아니면 과학인지를 나누는 차이점을 모호하게 만들 수 있는 것은 분명하다.

어쨌든 정신분석이 다른 것으로 대체될 수는 없다. 정신치료의 역사에 관한 문제가 나올 때마다 나는 세계에서 가장 오래된 유대교 예배당인 프라하의 알트 네우 예배당에서 들었던 이야기를 떠올리며 그 자리가 여전히 프로이트의 자리로 남아 있다는 생각을 하곤 한다. 그곳에 가면 안내인이 당신을 안으로 데려간 다음 이렇게 말할 것이다.

한때 유명한 랍비 로레우가 앉았던 저 자리를 후계자들이 물려받지 못했고, 그들을 위해서는 다른 자리가 만들어졌는데, 왜냐하면 어느 누구도 랍비 로레우를 대신할 수 없고, 어느 누구도 그를 따라갈 수 없기 때문이라는 것이다. 수세기 동안 어느 누구도 그 자리에 앉는 것이 허용되지 않았다. 이와 마찬가지로 프로이트의 자리 역시 여전히 빈 자리로 남아 있어야 한다.

1 로고테라피의 기본 원리

The Will to Meaning: Foundations and Applications of Logotherapy

임상적인 것을 넘어선 정신요법의 함축적 의미

임상적인 것을 넘어선 정신치료법의 함축적인 의미는 인간에 대한 개념이나 삶의 철학에 관한 문제와 관련이 있다. 인간에 대한 논의와 삶의 철학에 기반을 두지 않은 정신치료법은 없다. 의식적이든 무의식적이든 정신치료법은 모두 이것을 기반으로 하고 있다. 이 점에 있어서는 정신분석도 예외가 아니다. 파울 쉴더(Paul Schilder)는 정신분석을 '세계관' Weltanschauung이라고 했고, 고든 플뢴느는 "정신분석에 종사하는 의사들은 최고의 도덕주의자들이다. 그들은 도덕적이고 윤리적인 행위와 관련된 문제에 있어서 사람들에게 영향을 준다"라고 말했다.*

따라서 정신치료법이 세계관에 기반을 두었느냐 아니냐 하는 것은 논점이 될 수는 없다. 그보다는 오히려 그 정신치료법이 기반으로 삼고 있는 세계관이 옳으냐 그르냐 하는 것을 논점으로 삼아야 할 것이다. 여기서 말하는 옳고 그름이란 어떤 특정한 철학과 이론이 인간다운 면을 갖고 있는지 여부에 따라 결정된다. 그동안 인간 존재가 지니고 있는 인간으로서의 특성은 고든 알포트**의 표현을 빌면 'machine model'이나 'rat model'을 신봉하는 정신의학자들에 의해 무시되거나 경시되어 왔다. machine model에 관해서 말하자면 나는 이 이론이 인간이 자신을 하나의 피조물로 여기면 자기 존재를 창조한 신의 화신(化神)으로 해석하게 되고, 스스로 창조자라고 생각하는 바로 그 순간부터 자기 존재를 자신의 창조물, 즉 기계로 해석하기 시작한다는 놀라운 사실을 보여 주는 것이라고 생각한다.

로고테라피의 인간에 대한 개념은 다음 세 개의 기둥에 기반을 두고 있다. 즉 자유 의지freedom of will, 의미를 찾으려는 의지will to meaning, 그리고 삶의 의미meaning of life이다. 이 중 첫번째에 해당되는 자유 의지는 요즘 일반적으로 통용되고 있는 인간에 대한 접근 방법인 결정론determinism과 대립되는 입장에 있다. 그러나 실제로

---

* F. Gordon Pleune, 〈All Dis-Ease Is Not Disease : A Consideration of Psycho-Analysis, Psychotherapy, and Psycho-Social Engineering〉, 《International Journal of Psycho-Analysis》 46 : 358, 1965. 《Digest of Neurology and Psychiatry》 34 : 148, 1966에서 인용.
** Gordon W. Allport, 《Personality and Social Encounter》, Beacon Press, Boston, 1960.

는 이것은 내가 이제까지 범결정론pan-determinism이라고 불러왔던 것에만 대립적인 입장을 취한다고 할 수 있다. 왜냐하면 자유 의지에 대해 이야기하는 것에는 어떠한 선험적인 비결정론도 포함되어 있지 않기 때문이다. 자유 의지는 결국 '인간의' 자유 의지를 의미하는 것이다. 인간의 의지는 유한한 존재로서의 의지이다. 인간의 자유는 어떤 조건을 피할 수 있는 자유가 아니라 그가 어떤 조건에 처해 있든 그것에 대해 자신의 태도를 결정할 수 있는 자유를 말한다.

하버드 대학(나중에는 MIT)의 휴스턴 스미스는 인터뷰를 하는 동안 나에게 신경의학과와 정신의학과 교수로서 인간이 어떤 조건이나 결정 요인에 종속된다는 사실을 인정하느냐고 물었다. 이 말에 나는 이렇게 대답했다. 신경의학자이자 정신의학자로서 나는 물론 그것이 생물적인 것이든 정신적인 것이든 사회적인 것이든 상관없이 인간이 어떤 조건으로부터 완전히 자유로울 수는 없다는 사실을 충분히 알고 있다고 말했다. 하지만 여기에 나는 두 분야(신경학과 정신의학)에 종사하는 학자이면서 동시에 네 군데의 강제수용소를 거친 후 살아남은 사람이라는 이야기를 덧붙였다. 이 과정에서 나는 인간이 최악의 조건에서도 그것에 저항하고 용감하게 대처할 수 있는 능력을 가진 존재이며, 또 언제까지나 그런 존재로 남을 것이라는 사실을 예상치 못한 정도까지 목격했다는 점을 얘기했다.

최악의 상황에 처해 있음에도 불구하고 그것을 자신과 분리시켜서 볼 수 있는 능력은 오로지 인간만이 가지고 있는 능력이다. 인간이 마주쳐야 하는 어떤 상황에서 자신을 분리시킬 수 있는 고유한 능력은, 강제수용소의 경우에서처럼 영웅심을 통해서 드러나기도 하지만 유머를 통해서 드러나기도 한다. 유머 역시 인간만이 가지고 있는 특성이다. 그리고 우리는 이런 사실을 부끄러워할 필요가 없다. 유머는 심지어 신적인 특성이라고까지 이야기하기도 한다. 시편에 보면 신을 '웃고 계시는' 존재로 묘사한 것이 세 편이나 되지 않는가! 유머와 영웅심이 우리에게 자기 초연 self-detachment이라는 인간에게만 유일한 능력을 갖도록 했다. 이런 능력에 힘입어 인간은 어떤 조건에서도 초연해질 수 있을 뿐만 아니라, 자기 자신에 대해서도 초연해질 수 있다. 인간은 자신에게 어떤 태도를 취할 것인가를 선택할 수 있는 능력이 있다. 바로 그런 방법으로 자신이 처해 있는 신체적, 정신적 조건과 결정인자에 대해 어떤 태도를 취할 것인지를 결정하는 것이다.

정신치료법과 정신의학, 교육과 종교 분야에서도 이것이 아주 중요한 문제인 것만은 틀림없는 사실이다. 왜냐하면 이런 시각에서 보자면 사람은 스스로 성격을 만들 수 있는 자유를 가지고 있으며, 그 자신이 어떤 사람인가 하는 것에 대한 책임은 그 사람에게 있기 때문이다. 중요한 것은 우리가 지니고 있는 성격상의 특성이나 충동과 본능 그 자체가 아니라 그것을 대하는 우리의 태도이다. 그리고 그런 태도를 결정할 수 있는 우리의 능력이 바로 우리를 인간으로 만들어 준다.

신체적, 정신적 현상에 대해 어떤 태도를 취한다는 것은 그 수준을 초월해 새로운 차원의 문을 여는 것을 의미한다. 여기서 새로운 차원이란 순수 지성^{noetic}에 입각한 차원, 생물적인 차원이나 심리적인 차원과는 구별되는 noological 차원을 의미하는 것이다. 인간에게만 유일하게 나타나는 현상이 자리 잡고 있는 곳이 바로 이 차원이다.

이것을 영적인 차원이라고 정의할 수도 있다. 하지만 영어로 '영적인' ^{spiritual}이라는 단어는 종교적인 의미를 함축하고 있기 때문에 이 용어는 가능한 한 피해야 한다. 왜냐하면 우리가 이해하는 noological 차원이란 신학적인 것이라기보다는 인간학적인 것이기 때문이다. 이것은 '로고테라피'의 '로고스' ^{logos}에도 마찬가지로 적용된다. 여기서 '로고스'는 '의미'라는 뜻 외에 '영혼'을 뜻하기도 한다. 하지만 여기서 말하는 영혼은 종교적인 의미에서의 영혼이 아니다. 인간으로 존재한다는 의미와 더불어, 인간 존재의 인간다움을 뜻하는 것이다.

사람은 자신을 반성할 때마다 혹은 필요에 따라 자신을 거부할 때마다 noological 차원을 통과한다. 자기 자신을 하나의 대상으로 만들거나 이의를 제기할 때마다, 자신에 대해 의식하고 있다는 것을 보여 주거나 의식이 깨어 있다는 것을 보여 줄 때마다

noological 차원을 통과하게 된다. 사실 인간이 자신을 초월해 도덕적이고 윤리적인 견지에서 행동을 판단하고 평가하는 인간 고유의 능력을 갖기 위해서는 먼저 지각력이 있어야 한다. 물론 누군가 인간다움이 지니고 있는 지각력과 같은 지극히 인간적인 현상을 빼앗아 갈 수도 있다. 지각력을 적응 과정의 결과로 생각하는 사람도 있을 수 있다. 하지만 이런 해석은 카페트를 적신 개가 소파 밑으로 들어가 꼬리를 다리 사이에 감추고 있는 경우를 설명할 때에나 적합한 것이다. 이 개가 정말로 지각력을 가지고 있는 것일까? 나는 벌을 받을 것이라는 두려움이 이런 식으로 나타나는 것이라고 생각한다. 개가 보여 주는 이런 행동이야말로 적응 과정의 결과라고 할 수 있을 것이다.

지각력을 단지 적응 과정의 결과물로 축소하는 것은 환원론의 한 예를 드는 것에 지나지 않는다. 나는 환원론을 현상의 인간적인 측면을 단순히 부수적인 현상, 보다 구체적으로 말하자면 인간 이하의 현상으로 축소하면서 그것을 무시하고 경시하는 가짜 과학적인 접근법이라고 정의하고 싶다. 따라서 실제로 환원론을 부(副)인본주의sub-humanism라고 불러도 무방하다.

모든 것 중에서도 가장 인간적인 현상인 사랑과 지각력 두 가지를 예로 들어 보자. 이 두 가지는 인간에게 고유한 또 다른 능력, 즉 자기 초월 능력을 가장 확실하게 보여 주는 것이다. 사람은 다른 존재를 위해서, 혹은 어떤 의미를 위해서 자신을 초월한다.

나는 사랑이란 그 사람만의 유일무이함 속에 다른 사람을 잡아두는 능력을 의미한다고 말하고 싶다. 지각력이란 인간으로 하여금 어떤 상황이 지니고 있는 유일무이한 의미를 포착할 수 있도록 하는 능력을 말하며, 결국 의미란 유일무이한 어떤 것이다. 그것은 모든 사람에게 해당된다. 궁극적으로 각각의 인간은 그 어느 것으로도 대체될 수 없으며, 다른 어떤 사람이 사랑받고 있는 그 사람으로 대체될 수 없다.

사랑과 지각력은 그 대상이 모두 유일무이하다는 점에서 모두 직관력에 의존하는 것이라 할 수 있다. 하지만 대상의 유일무이함이라는 공통점과 함께 둘 사이에는 차이점도 있다. 사랑이 그리는 유일무이함은 사랑하는 사람이 가지고 있을지도 모르는 유일무이한 가능성들을 가리킨다. 반면에 지각력이 그리는 유일무이함은 유일무이한 필연성, 그 사람이 대면하는 유일무이한 필연성을 가리킨다.

환원론에서는 자칫하면 사랑을 단지 성의 승화로, 지각력을 초자아의 견지에서만 해석하기 쉽다. 하지만 실제로 사랑이 단지 성을 승화시킨 결과일 수 없다는 것이 나의 생각이다. 왜냐하면 승화에는 늘 사랑이 전제되어 왔기 때문이다. '내'가 '너'를 향해 기꺼이 마음을 돌릴 때에만, 자아 역시 이드와 결합될 수 있으며, 성행위가 인격에 결합될 수 있다는 것을 말하고 싶다.

지각력은 단순히 초자아가 될 수 없다. 지각력은 필요할 경우

초자아가 전하는 인습과 도덕적 규범, 전통, 가치에 단호하게 반기를 들 수도 있다는 간단한 이유 때문이다. 만약에 지각력이 어떤 주어진 상황에서 초자아와 모순되는 기능을 한다면 분명히 그것을 초자아와 같은 것으로 볼 수 없다. 그래서 지각력을 초자아로 격하시키거나 사랑의 유래를 이드에서 찾는 것은 모두 실패할 확률이 크다.

이제 환원론을 발생시킨 요인이 무엇인지 살펴보기로 하자. 이 질문에 대답하기 위해서는 그 동안의 과학적인 전문화가 어떤 결과를 가져왔는지를 살펴보아야 한다. 우리는 전문가의 시대에 살고 있으며, 지금 그 대가를 치르고 있다. 나는 전문가라는 사람들을 '사실이라는 나무가 자라는 진실의 숲을 더 이상 보지 못하는 사람'이라고 정의하고 싶다.

한 가지 예를 들어 보자. 정신분열증에 대한 연구만 보더라도 생화학 분야에서 이루어진 연구 성과가 수없이 많이 나와 있다. 그런가 하면 정신분열증의 저변에 깔려 있는 가설적 정신역학에 대해 언급한 방대한 문헌들도 나와 있다. 그리고 세상에 있는 존재의 정신분열증적 양태와 관련이 있는 또 다른 종류의 문헌도 있다. 그러나 나는 자기가 정말로 정신분열증이 무엇인지 알고 있다고 말하는 사람들은 실제로 당신을 속이고 있거나 아니면 기껏해야 자신을 속이고 있다는 것을 말해 두고 싶다.

각각의 개별적인 과학과 있는 그대로의 현실의 그림이 다양해서, 서로 다른 점이 너무 많아서 각기 다른 그림들을 통합하는 것이 점점 어려워지게 되었다. 물론 그림들이 서로 다르다는 점이 손해가 되는 것은 아니다. 지적인 측면에서 오히려 이익이 될 수도 있다. 입체 영상의 경우, 하나의 통합된 입체 영상, 즉 2차원 평면 위에 3차원이 만들어질 수 있는 것도 바로 오른쪽 그림과 왼쪽 그림이 서로 다르기 때문이다. 물론 여기에는 한 가지 전제조건이 있다. 망막이 서로 다른 그림들을 결합시킬 수 있는 능력을 갖추고 있어야 한다는 것이다.

시각에 적용되는 것은 인식의 문제에도 적용될 수 있다. 서로 구획이 나뉘어져 있는 여러 과학 분야가 내놓은 분산된 데이터와 사실, 연구 성과로부터 어떻게 통합된 인간 개념을 도출하고, 유지하고, 복원하는가 하는 것이 과제이다.

그러나 역사의 수레바퀴를 되돌릴 수 없다. 우리 사회는 이미 전문가 없이는 굴러갈 수 없게 되어 있다. 너무나 많은 종류의 연구가 공동작업의 형태로 이루어지고 있으며, 이런 체계에서 전문가는 필수불가결한 것이라 할 수 있다.

하지만 이런 위험성이 정말로 보편성의 결여에 있는 것일까? 그보다는 오히려 그것이 완전무결함을 가장하고 있다는 데에 있는 것이 아닐까? 정말로 위험한 것은 생물학 분야에서 일하는 전문가가 인간의 존재를 오로지 생물학적인 견지에서만 이해하고 설명하려고 시도하는 것이다. 심리학이나 사회학의 경우도 마찬가지이다. 완전무결함을 부르짖는 순간 생물학은 생물학주의가 되고, 심리학은 심리학주의가 되며, 사회학은 사회학주의가 되어 버린다. 다시 말하자면 바로 그 순간 과학이 하나의 이데올로기로 변해 버린다는 것이다.

우리가 개탄해야 하는 것은 과학자들이 전문화되고 있다는 것이 아니라 과학자들이 일반화되고 있다는 것이다. 그 동안 우리는 '지나치게 단순한' 유형의 사람들을 많이 보아 왔다. 그런데 이제는 '지나치게 일반화된' 유형의 사람들을 많이 보게 되었다. 한정된 연구 결과를 바탕으로 지극히 일반적인 주장을 펼치고 싶은 유혹을 떨치지 못하는 사람들을 말한다.

언젠가 나는 인간을 "기호화된 정보를 얻기 위해 거대한 저장시설을 가진 컴퓨터를 작동시키는 연소체계로부터 동력을 공급받는 복합적인 생화학 기계에 불과한 존재"로 정의한 글을 읽은 적이 있다. 신경학자로서 나는 중앙신경체계의 활동을 보여 주는 모델로서 컴퓨터를 이용하는 것은 바람직한 일이라고 생각한다. 그런 비유를 사용하는 것은 지극히 합리적인 것이다. 따라서 어떤 면에서는 인간이 컴퓨터라는 말이 맞는 말인지도 모른다. 하지만 이와 동시에 인간은 컴퓨터를 훨씬 능가하는 존재이기도 하다. 인간을 컴퓨터에 '불과한' 존재로 정의하는 것은 잘못된 것이다.

오늘날 허무주의는 더 이상 '무(無)'에 대해 언급하면서 자기 정체를 드러내지는 않는다. 그보다 오늘날의 허무주의는 인간이 무엇에 '불과한 존재'라는 가면을 쓰고 있다. 환원론이 허무주의의 가면이 되고 만 것이다.

그렇다면 우리는 어떻게 이 상황을 극복할 수 있을까? 환원론 앞에서 어떻게 하면 사람으로서의 인간다움을 간직할 수 있을까? 다양한 과학이 공존하고 있고, 그 비옥한 토양 위에 환원론이 풍성하게 꽃피고 있는 현실 앞에서 어떻게 하면 인간으로서의 총체성을 간직할 수 있을까? 니콜라이 하르트만과 막스 쉘러가 우리에게 당면한 이 문제를 해결하기 위해 누구보다 많은 노력을 기울인 것으로 알고 있다. 하르트만의 존재론과 쉘러의 인류학은 각각 자기 학문에 유효성이 제한된 범위를 나누어 놓았다.

하르트만은 인간 존재를 영적인 층^{Strata}을 정점으로 해서 신체적인 층, 정신적인 층과 같은 다양한 층으로 구분을 해 놓았다. 하지만 다시 한번 말하지만 여기서 얘기하는 영적이라는 말은 종교적인 의미를 가진 것이 아니라 noological 의미를 가진 것이다. 하르트만은 인간 존재의 층을 계급구조와 같은 것으로 보았다. 이와는 대조적으로 쉘러의 인류학은 '층'^{Studen}이 아니라 여러 겹으로 둘러싸인 '켜'^{Schichten}의 형태를 빌어서 이것을 설명하고 있다. 그는 제일 가운데에 있는 인간적인 켜^{Layer}, 즉 영적인 축을 그보다는 다소 덜 중요한 생물적인 켜나 정신적인 켜와 구분해 놓았다.

하르트만과 쉘러 두 사람이 모두 육체와 마음 그리고 영혼 사이에 놓여 있는 존재론적인 차이를 단순히 양적인 차이가 아니라

질적인 차이로 인식했다는 것은 지극히 타당한 일이라고 생각한다. 하지만 두 사람은 존재론적인 차이에 대응되는 위치에 있는 것, 말하자면 인간론적인 통일성이라고 부르는 것은 충분히 고려하지 않았다. 토마스 아퀴나스가 말한 것과 같이 인간은 '복합적인 단일체' unita multiplex이다. 그 동안 예술을 다양성 속의 통일성이라는 말로 정의해 왔는데, 나는 인간을 다양성에도 '불구하고' 통일적인 존재라고 정의하고 싶다.

인간을 육체적, 정신적, 영적인 층이나 켜의 견지에서 생각하는 것은 곧 인간 존재의 신체적인 면과 정신적인 면, 그리고 지적인 면이 각각 분리될 수 있다는 생각을 가지고 인간에 관한 문제를 취급한다는 것을 의미한다.

필자 역시 그 동안 스스로 차원적 인간론과 차원적 존재론이라고 불러 왔던 것들을 통해 존재론적인 차이와 인간론적 통일성 두 가지를 동시에 올바르게 취급하려고 노력해 왔다. 이 접근법은 구조의 통일성을 파괴하지 않는 질적인 차이를 유추해서 설명하기 위해 차원의 기하학적인 개념을 사용한다.

앞에서 제기한 것과 같이 차원적 존재론은 두 개의 법칙에 기반을 두고 있다. 그 첫번째 법칙은 다음과 같다. 어떤 단일한 현상이 본래의 차원에서 그보다 낮은 차원으로 투사되면 투사된 그림들이 서로 모순되는 것으로 나타난다는 것이다.

원통형, 즉 컵을 한번 상상해 보자. 3차원 공간에서 2차원적

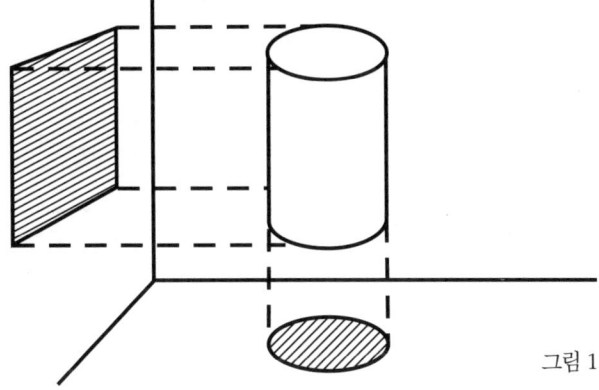

그림 1

인 수직, 수평면에 투사된 그림은 수평면에서는 원으로 수직면에서는 사각형이 된다. 이 영상들은 서로 모순된다. 이보다 더 중요한 것은 본래의 현상인 컵은 닫힌 형태의 원이나 사각형과는 다른 입구가 열린 그릇이라는 점이다. 이것은 또 다른 모순이다.

이제 차원적인 존재론의 제2법칙으로 이야기를 진행해 보자. 여러 개의 현상들을 본래의 차원에서 그보다 낮은 차원으로 투사시키면 다양한 의미로 해석이 가능한 그림들이 나타나게 된다.

원통과 원뿔 그리고 구형을 생각해 보자. 수평면에 비친 그림자들은 서로 바꾸어도 상관이 없는 세 개의 원으로 나타나 있다. 그림자만 가지고는 그것이 어떤 물체의 그림자인지, 그 위에 어떤 물체가 있는지, 원통인지 원뿔인지 구형인지 알 수 없다.

차원적 존재론의 제1법칙에 의하면 본래의 차원보다 낮은 차원에 투영된 현상들은 서로 일치하지 않는다. 차원적 존재론의 제

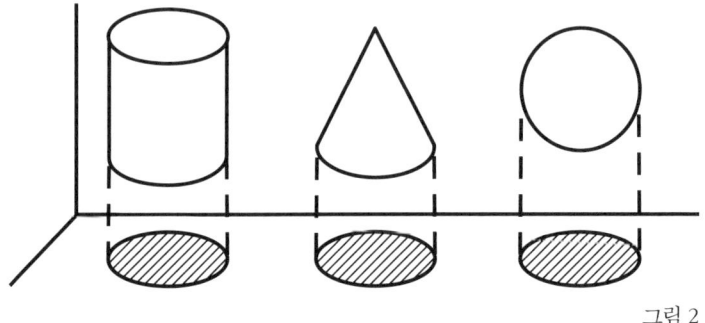

그림 2

2법칙에 의하면 낮은 차원에 투영된 서로 다른 현상들은 서로 일치하는 것으로 나타난다.

이제 이 영상들을 어떻게 인간론과 존재론에 적용시킬 수 있는지 생각해 보자. 인간을 생물적인 차원과 정신적인 차원에 투사를 하면 그 결과는 서로 다르게 나타난다. 왜냐하면 하나는 그 결과가 생물적인 유기체biological organism이고, 다른 하나는 심리적인 기제psychological mechanism이기 때문이다. 하지만 인간 존재의 신체적인 면과 정신적인 면이 아무리 서로 모순된다 하더라도 차원적 인간론의 견지에서 본다면 이 모순이 더 이상 인간의 통일성과 모순되는 것은 아니다. 원과 사각형이 서로 다른 모습을 하고 있다고 해서 이것이 모두 같은 원통형에서 나왔다는 사실과 모순된다고 할 수 있을까?

차원적 존재론은 심신의 문제를 해결하는 것과는 한참 먼 거리에 있다. 그러나 그것은 심신의 문제가 왜 해결될 수 없는지는 설명해 줄 수 있다. 필연적으로 인간의 통일성 - 몸과 마음의 다양성에도 불구하고 - 은 생물적인 것이나 정신적인 것에서는 발견될 수 없으며, 인간이 본래 투사되어 나온 noological 차원에서 찾아야 한다.*

　육체 대 마음의 문제 곁에는 결정의 문제, 선택의 자유라는 문제가 있다. 하지만 이 문제 역시 차원적 인간론으로 접근할 수 있다. 수평면이나 수직면에서는 컵의 입구가 뚫려 있다는 사실이 절대로 나타나지 않도록 되어 있다. 그 자신의 차원보다 낮은 차원에 투사된 인간은 그것이 어떤 자극에 대한 생리적 반사용이든 혹은 심리적 반작용이나 반응이든 상관없이 폐쇄된 인격을 갖고 있는 것처럼 보인다.

　항상성의 원리를 여전히 신봉하고 있는 동기 이론들은 인간을 폐쇄된 인격으로 취급한다. 그러나 이것은 막스 셸러와 아돌프 포르트만, 아놀드 겔렌에 의해 입증된 인간 존재의 가장 중요한 요소인 개방성을 고려에 넣지 않거나 경시한다는 것을 의미한다. 앞에 열거한 사람들 중에서 특히 생물학자인 포르트만과 사회학자인 겔렌은 인간이 세상에 개방되어 있는 존재라는 사실을 우리에게 보여 주었다. 자기를 초월할 수 있는 인간 존재의 특성 때문

---

*Bjarne Kvilhaug는 1963년 7월 18일에 열린 오스트리아 정신요법 의학회에서 그와 같은 논문을 발표하였다.

에 인간으로서 존재한다는 것은 곧 다른 사물이나 다른 사람을 지향하고 그들에게 주의를 기울이고 있다는 것을 의미한다.

생물적이고 심리적인 차원에서는 이 모든 것들이 자취를 감추고 만다. 그러나 차원적 인간론의 눈으로 보면 적어도 왜 이런 일이 일어날 수밖에 없는지 이해할 수 있게 된다. 생물적인 차원과 심리적인 차원에서 명백하게 드러나는 인간의 폐쇄성이 인간의 인간다움과 더 이상 모순이 되지 않는다. 낮은 차원의 폐쇄성은 그보다 높은 차원의 개방성, 그것이 원통 모양의 컵이 지닌 개방성이든 인간 존재의 개방성이든 여하튼 그런 개방성과 양립할 수 있다.

이제 우리는 낮은 차원에서 이루어진 조사의 건전한 성과들이 아무리 인간의 인간다움을 경시하는 것이라 할지라도 그것이 어떻게 인간 본연의 모습과 모순되지 않는지 이해할 수 있게 되었다. 왓슨의 행동주의나 파블로프의 조건반사설, 프로이트의 정신분석학이나 아들러의 심리학과 같이 독창적인 접근법도 마찬가지이다. 이 이론들은 로고테라피에 의해 무효화된 것이 아니라 오히려 로고테라피의 뒷받침을 받고 있다. 이제는 이 이론들을 보다 높은 차원에 비추어 볼 수 있게 되었다. 노르웨이의 정신치료학자인 비안 크빌하우크*는 학습이론과 행동치료에 로고테라피를 특별히 참고하고 있으며, 이런 학파들의 이론이 로고테라피에 의해 재해석되고 재평가되고 있다. 말하자면 로고테라피에 의해 다시 인간의 얼굴을 하게 되었다는 것이다.

하지만 여기서 한 가지 짚고 넘어가야 할 것이 있다. 낮은 차원에 대립되는 높은 차원이라는 말이 가치 판단을 내포하고 있는 말은 아니라는 것이다. 여기서 '보다 높은' 차원이라는 것은 그것이 포괄적이고 포용성 있는 차원이라는 것을 의미할 뿐이다.**

인간론에서는 아주 중요한 문제이다. 이것은 인간이 바로 인간이라는 존재가 됨으로써 더 이상 동물과 같은 존재, 비행장의 활주로를 더 이상 달릴 수 없는 비행기와 같은 존재로 남아 있을 수 없다는 인식을 의미한다.

서문에서도 밝혔듯이 프로이트는 아주 위대한 학자로 스스로가 자신을 '거대한 건축물의 지하실이나 1층에 한정시켜 놓았다'는 사실을 잘 알고 있었다. 다시 말하자면 자신의 연구를 보다 낮은 차원, 즉 심리적 차원에 한정시켰다는 말이다. 루돌프 빈스방

---

* '인간이란 무엇인가?' 이런 칸트나 시편의 질문에 답을 내리기 전에 질문을 이렇게 바꿀 필요가 있다고 생각한다. '인간은 어디에 있는가? 어떤 차원에서 인간 존재의 인간다움이 발견되는가? 인간은 동물에 지나지 않는다는 전제를 가지고 환원론에서 논의를 시작한다면 우리는 아무것도 발견할 수 없다. 이것은 다음과 같은 한 랍비의 이야기에 비유될 수 있을 것이다. 한 랍비에게 조언을 청하려고 두 사람이 찾아왔다. 그중 한 사람이 이웃집 고양이가 버터 5파운드를 훔쳐가서 먹어치웠다고 불평했다. 하지만 고양이 주인은 고양이가 버터를 좋아했다는 사실을 부인했다. 랍비가 고양이의 무게를 재 보았더니 5파운드가 나왔다. "이제 버터는 찾았다." 랍비는 생각에 잠겼다. "그런데 고양이는 어디 있지?" 이와 마찬가지로 만약 우리의 연구가 생물학적인 차원에 한정되어 있거나 생물학적 투사에 국한되어 있다면 인간은 대체 어디에 있는 것일까?
** 하버드 신학대학의 교수오찬모임에서 차원적 존재론에 대한 발표를 한 적이 있었다. 그런데 발표가 끝나고 있었던 질의시간에 지금은 세상을 떠난 폴 틸리히 씨가 얼마나 집요하게 이 문제를 붙들고 꼬치꼬치 캐물었는지 지금도 기억이 생생하다. 당시 그는 내가 보다 높은 차원을 보다 포괄적인 차원이라고 고쳐 얘기한 후에야 만족감을 표시했다.

거에게 보낸 편지에서 프로이트는 "인류의 신경증이라는 범주 밑에 종교를 위한 자리를 마련해 놓았다"고 선언했는데, 바로 이 순간만큼은 그도 환원론의 희생자가 되었다고 할 수 있다. 이런 천재조차도 Zeitgeist, 즉 자기 시대의 정신에 완전하게 저항할 수는 없었던 모양이다.

이제 차원적 존재론의 제2법칙을 어떻게 인간에게 적용하는지 살펴보기로 하자. 여러 가지로 해석이 가능한 세 개의 원을 하나의 신경증이라고 바꾸어 말할 수 있다. 왜냐하면 신경증 역시 여러 가지로 해석할 수 있기 때문이다. 어떤 신경증은 심리적인 요인에서 비롯된 것일 수도 있다. 그것은 일반적인 의미의 신경증이다. 그런가 하면 내가 직접 조사를 해서 알아낸 바로는 신체적인 것이 원인이 되어 생기는 신경증도 있다. 예를 들자면 갑상선 항진증에 의한 고소공포증이 바로 그것이다.

그리고 그 다음에 마지막이지만 결코 소홀히 다룰 수 없는 noogenic 신경증이 있다. 이 병은 영적인 차원의 문제, 도덕적 갈등 아니면 진정한 양심과 단순한 초자아 – 내가 이 장의 첫머리에서 언급했던 – 사이의 갈등에서 비롯된 것이다. 그러나 무엇보다 중요한 것은 의미를 찾으려는 의지의 좌절이나 실존적 좌절, 실존적 공허에서부터 비롯된 noogenic 신경증이다.

병의 요인이 얼마나 다차원적이냐에 따라 징후도 다양해진다. 원 모양의 그림자만 가지고는 그 위에 원통이 있는지 원뿔이 있는지 구형이 있는지 알 수 없는 것처럼 그 신경증의 배후에 갑상선 항진증이 있는지 아니면 거세에 대한 공포, 아니면 실존적 공허가 있는지 알 수 없다. 적어도 우리가 자신을 심리적 차원에 가두어 놓고 있는 한 그것을 알아낼 수 없다.

병리학은 어떤 주어진 상황에 숨어 있는 비애의 언어를, 시련의 의미를 찾는 것이라는 점에서 불명확하다. 시련의 의미가 그 징후가 나타난 차원과 같은 차원에 있으리라는 법은 없다. 어쩌면 그와는 다른 차원에 숨어 있을 수도 있다. 따라서 다차원적인 요인에 의해 생긴 신경증은 내가 앞에서 말한 차원적인 진단을 필요로 한다.

진단에 적용될 수 있는 사항은 치료에도 적용될 수 있다. 치료 역시 다차원적으로 진행되어야 한다. 정신의학에서 소위 내생적인 우울증이라고 부르는 증상은 약물 사용이 지극히 합법적이고 정당한 것으로 알려져 있다. 증세가 심할 경우에는 심지어 전기충격요법을 쓰기도 한다.

앵글로 색슨 족이 밀타운이라는 신경안정제를 개발하기 전에 유럽 대륙에서 처음으로 신경안정제를 개발한 사람이 바로 필자였다. 예외적인 경우에 나는 대뇌의 백질을 절제하는 수술을 하도록 권하거나 어떤 경우에는 내가 직접 그런 종류의 뇌수술을 집도하기도 했다. 하지만 그렇다고 해서 이와 동시에 정신치료와 로고테라피가 필요없는 것은 아니라는 말을 하지 않을 수 없다. 왜냐하면 그런 경우에도 우리가 하는 일은 단지 병을 처리하는 것이 아니라 인간이라는 존재를 다루는 것이기 때문이다.

따라서 나는 국제회의에서 다음과 같이 말하는 사람들의 말에 동의할 수 없다. 말하자면 약물요법을 쓰기 시작하면 정신의학이 기계화되고, 환자가 비인간화되었다는 느낌을 가질 수 있을 것 같아 두렵다는 말이다. 빈 종합병원의 신경과에서 일하는 동료들은 약물과 함께 필요한 경우에는 충격요법도 사용하지만, 환자가 지닌 인간으로서의 존엄성이 손상 받은 적은 없다.

반면에 나는 진지한 정신과 의사들 중에 충격요법은 말할 것도 없고 약물을 처방하는 것도 혐오하는 사람이 있다는 것을 알고 있다. 하지만 나는 그들이 생각하고 있는 인간에 대한 개념이나 인간에 대한 기계적인 접근법이 환자가 지닌 인간으로서의 존엄성을 해치고 있다고 생각한다.

환자를 치료할 때 먼저 인간에 대한 개념을 어떻게 세우고 있는지 스스로 인식할 수 있도록 하고, 임상적인 차원을 넘어선 정신치료의 의미를 명백하게 하는 것이 중요하다고 말하는 이유가 바로 여기에 있다.

중요한 것은 테크닉 그 자체가 아니라 어떤 정신으로 그 테크닉을 사용하느냐에 있다. 이것은 약물요법이나 전기충격요법뿐만 아니라 프로이트의 정신분석, 아들러의 심리학, 그리고 로고테라피 그 자체에도 모두 적용되는 말이다.

이제 다시 차원적 존재론의 제2법칙으로 돌아가 보자. 그리고 기하학적인 모형에 대체할 수 있는 역사적인 사건을 한번 들어 보기로 하자. 보다 구체적으로 얘기해서 첫번째 원 모양의 그림자가 환청 증세를 동반한 정신분열증을 나타내고, 두번째 원 모양의 그림자는 잔 다르크를 나타낸다고 해 보자. 정신의학적인 견지에서 볼 때 이 성녀는 정신분열증으로 진단받아야 하는 것에 의심의 여지가 없다. 우리가 자신을 정신의학적 구조라는 영역에 가두는 한 잔 다르크는 정신분열증 환자에 '불과한 것'이다. 그녀가 정신분열증을 넘어서 성취한 것은 정신의학적 차원에서는 그다지 중요한 것이 아니다.

우리가 그녀의 noological 차원으로 들어가 그녀가 이룬 신학적, 역사적 업적을 보는 순간 잔 다르크가 정신분열증 환자 이상의 존재였다는 사실이 밝혀진다. 정신의학적인 차원에서 그녀가 정신분열증 환자였다는 사실이 다른 차원에서 그녀가 차지하고 있는 중요성을 훼손시키지는 않는다. 그리고 그 반대도 역시 진실이다. 그녀가 성녀였다는 사실을 우리가 인정함에도 불구하고 그녀가 정신분열증 환자였다는 사실이 변할 수는 없는 것이다.

정신과 의사는 정신병적인 현상, 그것이 그저 정신병적인 현상에 불과하든 아니면 그것을 넘어선 무엇이든 간에 정신병적인 현상으로부터 어떤 결론을 도출해내기보다는 정신의학적인 차원에 자신을 한정시켜야 한다. 정신의학적인 차원에 자신을 한정시킨다는 것은 곧 주어진 현상을 정신의학적인 차원에 투사시킨다는 것을 의미한다. 이런 투사는 정당한 것일 뿐만 아니라 과학의 의무이기도 하다. 과학은 현실의 다차원성을 따라잡을 수 없으며, 현실을 마치 일차원적인 것처럼 다루는 것이 분명하다. 하지만 과학자가 환원론의 함정에 빠져서는 안 되기 때문에 자기가 무엇을 하고 있는지 반드시 알고 있어야 한다.

투사가 다양한 의미를 지니고 있다는 것을 보여 주는 구체적인 사례가 몇 년 전 내가 살고 있는 빈의 한 구역에서 일어났다. 한 담배 가게 주인이 불량배의 공격을 받았다. 위급한 상황에서 그녀는 남편인 프란츠를 소리쳐 불렀다. 가게는 커튼으로 나뉘어져 있었는데 그 불량배는 언제라도 프란츠가 커튼 뒤에서 나올 것이라고 생각했다. 그래서 도망쳤고 결국 잡혔다. 자연스러운 사건의 결과였다. 그렇지 않은가? 하지만 사실 프란츠는 2주 전에 이미 세상을 떠난 사람이었다. 아내는 남편에게 신을 중재해 그녀를 구해 달라고 간청하는 기도를 하늘에 올려 보냈던 것이다.

자, 이제 이 자연스러운 사건의 결과를 우리가 어떻게 해석하기를 바라는가 하는 문제가 대두된다. 불량배의 입장에 서서 그것을 오해에서 비롯된 것이었다고 해석할 것인지, 즉 정신의학적으로 해석할 것인지 아니면 하늘이 그녀의 기도를 들어주었다고 해석할 것인지 하는 문제이다. 한 사람의 인간으로서 나는 만약 세상에 그런 하늘이 있다면, 그리고 하늘이 그런 기도를 들어준 것이 맞다면 자연스러운 사건의 결과 뒤에 이런 사실을 숨겨 놓았을 것이라고 믿는다.

인간 현상으로서의 자기 초월

앞 장에서 나는 인간이 세상을 향해 개방되어 있는 존재라고 말했었다. 세상Welt에 개방적이지 않고, 자기 종족에게 주어진 특정한 환경Umwelt에 얽매어 있는 동물들과 인간은 완전히 다른 존재이다. 환경은 그 종의 본능적 기질에 적합한 요소를 가지고 있다. 반면에 호모 사피엔스라는 종을 둘러싸고 있는 환경의 장벽을 깨뜨릴 수 있는 것이 바로 인간 존재의 특성이다. 인간은 세상을 향해 손을 내밀고, 실제로 그것에 도달했으며, 마침내 그것을 얻었다. 그 세상은 서로 얼굴을 마주보게 될 또 다른 존재와 성취해야 할 의미로 가득 찬 세상을 말한다.

    이런 시각은 항상성의 원리에 기반을 두고 있는 동기 이론과 심각하게 대립되는 것이다. 동기 이론에서는 인간을 폐쇄적인 인격을 가진 것으로 묘사하고 있다. 이 이론에 따르면 인간은 기본적으로 내적인 안정을 유지하고 회복하는 데 관심이 있으며, 이 목표를 이루기 위해 긴장감의 감소에 관심을 쏟는다고 말한다. 결국 이것 역시 충동의 해소와 욕구의 충족이라는 목표를 갖고 있다는 것이다. 샬롯 뷜러*가 적절하게 지적한 바와 같이 "아주 오래 전에 프로이트에 의해 공식화된 쾌락 원리에서부터 최근에 발표된 긴장 해소와 항상성의 원리에 이르기까지 인간의 전 생애를 통해 이루어지는 모든 행위의 궁극적인 목표는 개인의 평온 상태를 다시 되찾는 것으로 여겨져 왔다."

쾌락 원리는 항상성 원리의 목적에 기여한다. 뿐만 아니라 그 반대로 쾌락 원리의 목적은 현실 이론의 도움을 받는다. 프로이트의 말에 의하면 현실 이론의 목표는 비록 늦추어짐에도 불구하고 쾌락을 얻는 것이다.

본 베르탈란피는 생물학에서조차도 항상성 이론이 더 이상 타당한 이론이 아니라는 사실을 보여 주었다. 골드스타인은 두뇌 병리학의 입장에서 보면 항상성을 추구하는 것은 정상적인 유기체의 특성이 아니라 혼란의 증거라는 자신의 주장을 뒷받침하는 증거를 제시했다. 유기체는 병에 걸렸을 경우에만 긴장을 피하려는 목표에 집중한다. 심리학 분야에서 알포트**는 항상성 이론에 반대하면서 "평온 상태를 유지하기 위한 저항을 이런 노력의 특성으로 보는 것은 그 본질을 제대로 나타내지 못하는 것이다. 긴장은 감소된다기보다 지속된다"라고 하였다. 매슬로우*** 역시 샬

---

* Charlotte Bühler, 〈Basic Tendencies in Human Life : Theoretical and Clinical Considerations〉, 《Sein und Sinn》, edited by R. Wisser, Tübingen, 1960.
** Gordon W. Allport, 《Becoming : Basic Considerations for a Psychology of Personality》, Yale University Press, New Haven, 1955.
*** Abraham H. Maslow, 《Motivation and Personality》, Harper & Brothers, New York, 1954.

롯 뷜러*와 같은 반대 입장을 표명했다.

이보다 더 최근에 이루어진 연구에서 샬롯 뷜러는 "프로이트의 항상성 원리에 따르면, 인간의 모든 욕구를 잠재우는 궁극적인 목표는 한 개인의 평온 상태를 회복해 줄 수 있는 종류의 완벽한 충족감을 얻는 것이다. 이런 관점에서 본다면 인류의 모든 문화적 창조물은 사실 인간이 개인적인 만족을 추구하는 과정에서 생긴 부산물이라 할 수 있을 것이다"라고 하였다. 샬롯 뷜러는 앞으로 전개될 정신분석 이론을 재정립하는 문제에 대해서도 회의적이다. 왜냐하면 정신분석 이론은 그것을 혁신하려는 시도에도 불구하고 모든 노력의 기본적이고 궁극적인 목표가 항상성의 충족에 있다는 기본적인 가설로부터 절대로 벗어날 수 없기 때문이다. 가치를 창조하고 업적을 성취하는 것은 2차적인 목표이다. 왜냐하면 자아와 초자아로 이드를 극복하는 것도 결국 쾌락의 충족에 종사하는 것이기 때문이다. 이와는 대조적으로 샬롯 뷜러는 인간을 의지를 가진 생명체, 즉 "목적을 가진 생명체"로 생각했다. "목적은 삶에 의미를 부여한다. 사람들은 모두 가치를 창조하고 싶어한다." 그리고 더 나아가 "인간은 창조와 가치를 향한 기본적이고 선천적인 지향성을 지니고 있다."

---

*Charlotte Bühler, 〈Theoretical Observations about Life's Tendencies〉, 《American Journal of Psychotherapy》 13 : 561, 1959.

따라서 항상성의 원리는 인간의 행동에 대해 설명해 주는 충분한 근거를 제공하지 못한다. 특히 가치 지향적이고 의미 지향적인 인간의 창조성과 같은 인간 특유의 현상은 이런 구조 안에서는 눈에 뜨이지 않을 수밖에 없다.

쾌락 이론에 관해서는 좀 더 신랄하게 비판을 하고자 한다. 결국에 가서 쾌락 이론은 자멸할 수밖에 없다는 것이 나의 주장이다. 인간이 쾌락을 목표로 하면 할수록 더욱 그 목표로부터 빗나가게 된다. 다른 말로 하자면 '행복의 추구' 그 자체가 그것을 좌절시키는 것이다. 쾌락을 추구하는 행위에 도사리고 있는 이런 자멸적인 특성이 결국 각종 성적인 신경증을 일으키는 원인이 된다. 정신과 의사들은 의도가 목표가 되었을 때 오르가즘과 성교 능력이 손상 받는 경우를 자주 본다. 이런 현상은 과도한 의도가 과도한 집중과 결합되었을 때 오히려 더 많이 발생한다. 과잉 의도와 과잉 반응은 신경증적인 행동 패턴을 발생시키기 쉽다.

순리적으로 쾌락은 인간이 추구하고자 하는 것의 목표가 아니라 하나의 결과로서 얻어지는 것이며, 또 그래야만 한다. 보다 구체적으로 말하자면 목표의 달성을 통해 부수적으로 얻어지는 결과라는 것이다. 목표의 성취가 행복을 느낄 이유를 만들어낸다. 다시 말하자면 만약 행복할 이유가 있다면 자동적으로 자연스럽게 그렇게 된다는 것이다. 바로 이것이 어째서 사람이 행복을 추구할 필요가 없는가를 말해 준다. 그럴 이유가 있다면 그것에 신

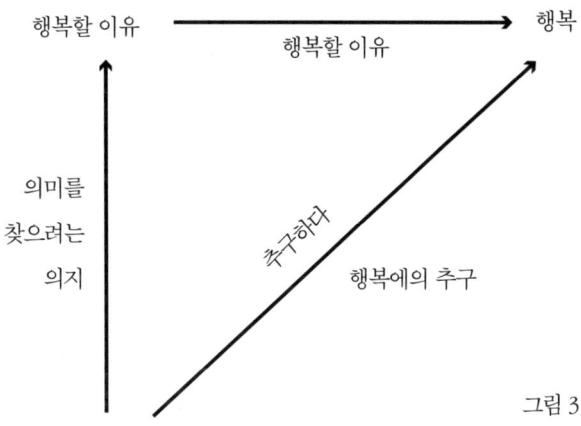

그림 3

경을 쓸 필요가 없다는 말이다.

그러나 이보다 더 중요한 사실은 인간이 행복을 추구할 수는 없다는 사실이다. 인간이 행복을 동기의 목표로 삼으면 필연적으로 그것을 관심의 목표로 삼게 된다. 그러나 그렇게 되면 그 사람은 행복해야 할 이유를 보지 못하게 될 것이 분명하고, 그러면 행복 그 자체가 사라져 버리고 만다.

프로이트의 정신의학이 쾌락 이론에 역점을 두는 것과 마찬가지로 아들러의 정신의학은 사회적 지위에 대한 욕구에 강조점을 두고 있다. 그러나 이런 노력 역시 자멸할 수밖에 없다는 것이 입증되었다. 적어도 사회적 지위에 대한 욕구를 드러내는 사람은 조만간 자기처럼 사회적 지위를 추구하는 사람에 의해 추방당할 수밖에 없다는 점에서 그렇다.

바로 이 문제와 관련해 개인적인 경험을 예로 들어 보겠다. 내가 쓴 23권의 책 중에서 가장 성공을 거둔 책은 본래 익명으로 출판하려고 생각했던 책이었다. 원고를 완성한 후에야 나는 이름을 넣도록 하자는 친구의 설득을 받아들였다.* 이것이 나에게 성공과 명성을 가져다 주지도 않을 것이며, 또 가져다 줄 수도 없을 것이라고 생각했다. 바로 그 책이 실제로는 성공을 가져왔다는 사실이 놀랍지 않은가. 이 이야기가 젊은 필자들에게 과학적, 예술적 양심을 지키고, 성공에 연연해하지 말 것을 권하는 구체적인 사례와 본보기가 될 수 있을 것으로 보인다. 성공과 행복은 반드시 찾아온다. 그리고 그것에 대해 연연해하지 않을수록 그것이 찾아올 가능성이 크다.

한편에 있는 지위에의 욕구, 즉 권력에의 의지와 다른 한편에 있는 쾌락 원리, 즉 다른 말로 하자면 쾌락에의 추구는 결국 인간의 주된 관심사, 즉 의미를 찾으려는 의지(로고테라피의 기반을 이루고 있는 세 개의 개념 중에 두번째에 해당되는)에서 파생된 것이다. 여기서 내가 말하는 의미를 찾으려는 의지는 의미와 목적을 찾고 이를 성취시키려는 인간의 기본적인 욕구로 정의될 수 있다.

하지만 권력에의 의지와 쾌락에의 의지가 의미를 찾으려는 의지에서 나왔다는 것이 어떻게 정당화될 수 있을까? 간단하게

---

* 이 책의 독일어 초판이 나왔을 때에도 책 표지에 필자의 이름이 나와 있지 않았다.

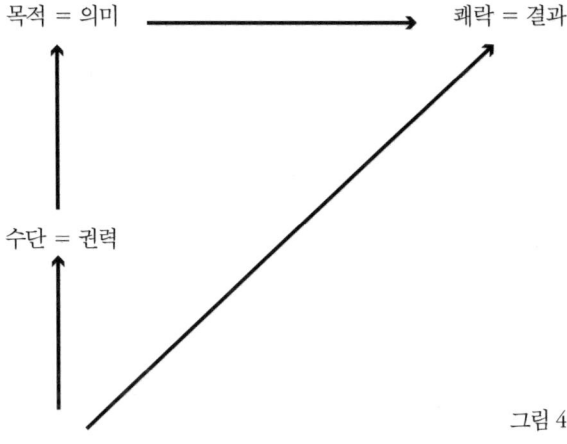

그림 4

말해서 쾌락은 인간이 기울이는 노력의 목표라기보다는 실제로는 의미를 충족시킴으로써 얻어지는 결과이다. 그리고 권력 역시 그것 자체가 목표라기보다는 실제로는 목표를 이루기 위한 수단이다. 만약 인간이 의미를 찾으려는 의지를 평생 가지고 산다면 어느 정도의 권력, 즉 재력 같은 것이 필수불가결한 전제조건이 된다. 의미를 성취하려는 본래의 관심이 좌절되었을 경우에만 인간은 권력에서 만족을 찾거나 쾌락에 집중하게 된다.

　행복과 쾌락은 모두 성취의 대체물일 뿐이다. 그리고 바로 이 때문에 쾌락 원리가 권력에의 추구와 마찬가지로 의미를 찾으려는 의지에서 나왔다고 말하는 것이다. 쾌락과 권력에의 추구가 인간 본연의 욕구가 신경증적으로 왜곡되어 나타난 것이기 때문이다. 그래서 신경증 환자를 다루어야 했던 전통적인 정신치료 학파의 창시자들이 환자를 치료하면서 관찰한 전형적인 신경증의 동기를 기반으로 해서 동기 이론을 만들어냈다는 것은 어느 면에서 이해할 만한 일이다.

따라서 쾌락을 추구하는 과잉 의도의 요인은 이보다 더 근본적인 요인이라고 할 수 있는 관심의 좌절에서 찾아야 한다. 재미있는 이야기를 하나 예로 들어 보겠다.

어떤 사람이 자기 집안의 주치의를 길에서 만났다.
"존슨 씨. 요즘 어떠세요?" 하고 의사가 물었다.
"뭐라구요?" 남자가 물었다.
"어떠시냐구요." 의사가 다시 말했다.
"보시다시피 청력이 나빠졌어요."
남자가 대답했다. 이제 의사가 말할 차례다.
"술을 너무 많이 마셔서 그런 것이 분명해요.
술을 끊으십시오. 그러면 잘 들을 수 있을 겁니다."
몇 달 후에 두 사람이 다시 만났다.
"요즘 어떠세요. 존슨 씨?"
"의사 선생님. 그렇게 큰 소리로 말씀하실 필요 없습니다.
저는 아주 잘 들리거든요."
"술을 끊으신 게 분명하군요."
"맞습니다."
그로부터 몇 달 후 두 사람이 세번째로 만났다.

하지만 의사는 남자의 말을 듣기 위해서 목청을 높여야 했다.
"술을 다시 마시기 시작한 게 분명하군요."

그가 환자에게 물었다. 그러자 환자가 이렇게 대답했다.

"들어 보세요. 의사 선생님. 처음에 저는 술을 마셨고 그래서 귀가 어두워졌습니다. 그래서 술을 끊었더니 다시 귀가 좋아지더군요. 하지만 제 귀에 들려오는 소리가 위스키만큼 좋지 않으니 어떻게 합니까?"

이 남자는 자기 귀에 들려오는 소리에 실망했으며, 그래서 다시 술을 마시기 시작한 것이다. 그의 귀에 들려오는 소리가 그에게 행복할 이유를 가져다 주지 않았기 때문에 행복 그 자체를 추구했던 것이다. 물론 이렇게 해서 행복이 찾아올 수도 있다. 왜냐하면 생화학적인 것, 즉 알코올에 의해서도 쾌락을 얻을 수 있기 때문이다. 알다시피 행복은 그것을 직접적으로 추구하는 방법으로는 얻어질 수 없지만 위에서 본 것과 같이 생화학적인 매개체에 의해 얻어질 수는 있다. 쾌락에 대한 이유가 부족했던 이 남자는 결과로 쾌락을 얻을 수 있는 원인을 스스로 제공했던 것이다.

원인과 이유의 차이점은 무엇일까? 이유는 언제나 정신적이고, noological 한 것이다. 그러나 원인은 언제나 생물적이거나 생리적인 것이다. 양파를 자를 때는 눈물을 흘릴 이유가 없다. 하지만 당신이 눈물을 흘리는 데에는 원인이 있다. 만약 당신이 좌절에 빠져 있다면 당신에게는 눈물을 흘릴 이유가 있다. 만약 등반가가 만 피트 높은 곳에 이르러 심장에 압박을 느낀다면 그것은 원인과 이유를 모두 가지고 있는 것이다. 만약 그가 장비를 제대로 갖추지 않았거나 훈련을 제대로 받지 않았다고 생각한다면 그가 느끼는 당혹감은 이유가 있는 것이다. 하지만 단지 원인만 있는 경우도 있을 수 있다. 산소 부족과 같은 것 말이다.

이제 다시 의미를 찾으려는 의지의 개념이 무엇인가 하는 문제로 돌아가 보자. 이것은 샬롯 뷜러*가 내놓은 기본 성향이라는 개념과 양립할 수 있는 가설이다. 왜냐하면 그녀의 이론에 의하면 성취가 궁극적인 목표이고, 네 가지 기본 성향이 성취의 목표에 이바지하는데, 여기서 성취는 자아의 성취나 자아 실현의 성취라기보다는 의미의 성취를 뜻하는 것으로 되어 있다.

자아 실현은 인간의 궁극적인 목표가 아니다. 제일 우선시되는 의지도 아니다. 자아 실현 자체에 목표를 두게 되면 인간 존재의 자기 초월적인 특성과 모순을 이루게 된다. 행복과 마찬가지로 자아 실현도 하나의 결과, 즉 의미를 성취한 결과로서 나타나는 것이다. 이 세상에서 스스로 의미를 성취했을 때에만 인간은 자신을 성취한다. 만약 의미를 성취하기보다는 자신을 실현시키기 위해 일을 착수한다면 자아 실현은 즉시 그 정당성을 잃게 된다.

---

* Charlotte Bühler, 〈Theoretical Observations about Life's Basic Tendencies〉, 《American Journal of Psychotherapy》 13 : 561, 1959.

나는 자아 실현을 '삶의 의도성에 의해 얻어지는 의도하지 않은 결과'라고 말하고 싶다. 위대한 철학자 칼 야스퍼스만큼 이 문제를 간결한 문장으로 정리한 사람도 없는 것 같다. 그는 "Was der Mensch ist, das ist er durch Sache, die er zur seinen macht"라고 말했는데, 이것을 번역하면 이렇게 된다.

"인간은 그가 자신의 것으로 만들어 놓은 바로 그 원인으로 인해 그와 같은 사람이 된다."

인간이 자기 실현에 연연해하면 그 기반을 잃게 된다는 나의 주장은 매슬로우의 시각과 정확하게 일치한다. 왜냐하면 그 자신이 '자아 실현이라는 과업'은 '중요한 일에 헌신함으로써' 가장 잘 실행될 수 있다는 점을 인정했기 때문이다.* 내 생각으로는 자아 실현에 지나치게 관심을 쏟는 원인은 의미를 찾으려는 의지의 좌절에 있는 것 같다. 목표물을 맞추지 못했을 때에만 부메랑이 그것을 던진 사냥꾼에게 다시 돌아오는 것처럼 인간도 역시 자신에게 돌아오게 되며, 자신의 임무에 이르지 못했을 경우에만 자아 실현에 집중하게 된다.** 쾌락과 행복에 적용되는 것은 매슬로우가 내놓은 절정 체험^{peak-experience}이라는 개념에도 적용될 수 있

---

* Abraham H. Maslow, 《Eupsychism Management : A Journal》, R. Irwin, Homewood, Illinois, 1965, p. 136.
** Viktor E. Frankl, 《Psychotherapy and Existentialism : Selected Papers on Logotherapy》 Washington Square Press, New York, 1967.

다. 이런 경험들은 어떤 결과물이어야 하고, 또 어떤 결과물로 남아야 한다. 어떤 것의 결과로서 나타나는 것이지 그것 자체를 추구할 수 있는 것은 아니다.

매슬로우 자신도 이 말에 동의했는데, 왜냐하면 "절정을 추구하는 것이 행복을 추구하는 것과 거의 비슷하다"는 것이 그의 주장이기 때문이다.* 더 나아가서 그는 "절정 체험이라는 말이 하나의 일반론"이라는 것에 동의한다.** 그러나 이것은 상당히 절제된 표현이다. 왜냐하면 그의 개념은 일반론을 넘어선 것이기 때문이다. 어떤 면에서 보면 지나치게 단순화시킨 것이라고 볼 수도 있다. 그리고 이런 현상은 다른 이론, 즉 쾌락 이론에도 적용될 수 있다. 결국 쾌락은 그것을 가져다준 원인과는 관계가 없다. 행복은 그것을 경험해야 할 이유와는 관계가 없다. "우리 내면에서 일어나는 행복의 경험은 무엇이 그것을 불러 일으켰던 간에 상관없이 아주 비슷한 것이다"라고 인정한 것도 매슬로우 자신이다.*** 절정 체험과 관련해서 매슬로우는 그 결과에 대해 앞에서 한 것과 같은 말을 했다. 즉 "자극이 서로 다름에도 불구하고" 그로부터

---

* Abraham H. Maslow, 〈Lessons from the Peak-Experiences〉, 《Journal of Humanistic Psychology》 2 : 9, 1962.
** Abraham H. Maslow, 〈Fusion of Facts and Values〉, Lecture read before the Association for the Advancement of Psychoanlysis on March 28, 1963.
*** Abraham H. Maslow, 〈Lessons from the Peak-Experiences〉, 《Journal of Humanistic Psychology》 2 : 9, 1962.

나오는 결과는 모두 같다는 것이다. 우리는 로큰롤이나 약물중독, 알코올을 통해서 쾌락을 얻을 수 있지만 그것을 통해 얻을 수 있는 기본적인 경험은 모두 동일하다.

어떤 경험이 지니고 있는 각기 다른 내용에 대해 언급하지 않고 그것으로부터 얻을 수 있는 경험의 동일한 형태에 대해 언급한다는 것은 자기 초월이라는 인간 존재의 특성을 배제하는 것을 전제조건으로 하고 있음이 분명하다. 그러나 알포트의 말처럼 "인간의 마음은 매순간마다 어떤 의도의 지시를 받도록 되어 있다."* 슈피겔베르크 역시 의도를 "목표를 지향하는 행위의 속성"이라고 말했다.** 이 말은 다음과 같은 브렌타노의 주장, 즉 "모든 정신 현상은 어떤 목표를 향한 지향성의 내용에 따라 특징지어진다"*** 라는 말에 의거하고 있다. 매슬로우조차도 인간 경험의 특징인 의도성에 대해서 알고 있었다. 그가 이것을 잘 알고 있다는 증거는 다음과 같은 그의 말에서 찾을 수 있다. "현실 세계에서 부끄러워할 이유가 없는 부끄러움이란 존재하지 않는다." 즉 부끄러움이라는 것은 언제나 "어떤 상황 안에서의 부끄러움"을 의미한다.****

바로 여기에서 우리는 정신의학에 있어서 "어떤 상황" 안에

---

* Gordon W. Allport, 《Personality and Social Encounter》, Beacon Press, Boston, 1960, p. 60.
** Herbert Spiegelberg, 《The Phenomenological Movement》, Nijhoff, The Hague, 1960, p. 719.
*** Franz Brentano, 《Psychologie vom empirischen Standpunkt》, Meiner, Leipzig, 1924, p. 125.
**** Abraham H. Maslow, 《Motivation and Personality》, Harper & Brothers, New York, 1954, p. 60.

서 현상을 바라보는 것이 얼마나 중요한 것인가를 알 수 있다. 보다 구체적으로 말하자면 기쁨, 행복, 절정 체험과 같은 현상을 어떤 상황 안에서의 개별적인 항목, 즉 그 사람이 행복해야 할 이유, 절정과 쾌락을 경험해야 할 이유에 견주어서 바라보는 것을 말한다. 그런 경험과 관련된 항목들을 배제한다면 정신의학은 결국 피폐해질 수밖에 없다.

인간은 행복과 쾌락을 경험해야 할 이유와 상관없이 언제나 쾌락과 행복에 연연하는 존재라는 가정 하에서는 인간의 행동을 완전하게 이해할 수 없다고 하는 것이 바로 이 때문이다. 그런 동기 이론은 각기 다른 이유들을 똑같은 결과 편에 묶어 놓는다. 실제로 인간이 쾌락과 행복에 연연해한다기보다는 이런 결과를 불러 일으키는 것(개인적인 의미를 성취시키는 것이든 아니면 다른 인간 존재와 만나는 것이든 간에)에 더 연연해한다고 할 수 있다. 그리고 이것은 신적인 존재와의 만남에도 마찬가지로 적용된다.

바로 여기에서 환각제나 그 밖에 다른 종류의 중독이 가져다 주는 절정 체험을 우리가 얼마나 회의적인 시각으로 바라보아야 하는가 하는 문제로 대두된다. 만약 화학적 요인이 영적인 이유를 대체한다면 그 결과는 인위적으로 만들어진 것에 불과하다. 지름길이 막다른 골목으로 끊기는 것이다. 추구될 수 있는 것이 아니라 결과로서 얻어져야 하는 현상에 속하는 것으로 건강과 양심이 있다. 만약 우리가 양심을 갖기 위해 고군분투한다면 당연히 더 이상 그것을 가질 수 없게 된다. 바로 그런 사실이 우리를 위선자로 만든다. 만약 건강을 주된 관심사로 삼으면 우리는 병에 걸리게 된다. 건강염려증 환자가 되는 것이다.

쾌락, 행복, 자아 실현, 절정의 체험, 건강, 양심의 추구 등에 도사리고 있는 자기 파괴적인 성격을 생각할 때마다 소원을 빌기 위해 하나님 앞에 갔던 솔로몬의 이야기가 떠오른다. 한동안 골똘히 생각하던 솔로몬이 하나님께 백성들에게 지혜로운 재판관이 되고 싶다고 말했다. 이 말에 하나님이 대답했다.

"솔로몬. 너의 소원을 들어줄 것이다. 내가 너를 어떤 사람보다 지혜로운 사람으로 만들 것이다. 그리고 네가 오래 사는 것이나 건강, 재물, 그리고 권력 같은 것에 전혀 관심을 두지 않았기 때문에 네가 소원하는 것에 추가해서 다음과 같은 것들도 함께 허락할 것이다. 너를 가장 지혜로운 왕으로 만들어 주는 것과 동시에 역대 그 어느 왕보다 가장 강력한 왕이 되도록 할 것이다."

이렇게 해서 솔로몬은 자기가 원하지 않았던 바로 그 선물들을 덤으로 받게 되었다.

웅게르스마*가 말한 것과 같이 대체적으로 프로이트의 쾌락 원리는 어린 아이를 위한 안내지침이고, 아들러의 권력 원리는 청소년을 위한 것, 그리고 의미를 찾으려는 의지의 원리는 성숙한 어른을 위한 것이라고 얘기할 수 있다. 따라서 그는 말한다.

"빈 정신치료 학파의 세 가지 발전 단계는 어린 아이에서부터 어른에 이르는 한 개인의 개체발생론적인 발전에 비추어 조명해 볼 수 있다."

그러나 여기서 이런 일련의 과정을 명기하는 주된 이유는 발생의 초기 단계에는 의미를 찾으려는 의지에 대한 지적이 없었다는 것을 말하기 위해서이다. 하지만 인생이라는 것이 시간이라는 경험의 통일적 전체이며, 그래서 인생의 과정이 끝났을 때에만 완전한 어떤 것이 된다는 사실을 인식하는 순간 이것이 더 이상 당혹스러운 것이 아닌 것이 된다. 따라서 어떤 현상이 인간다움이라는 측면으로만 구성되어 있을 수 있고, 또 보다 성숙된 발달 단계

---

* Aaron J. Ungersma, 《The Search for Meaning : A New Approach to Psychotherapy and Pastoral Psychology》, Foreword by V. E. Frankl, The Westminster Press, Philadelphia, 1961.
** "나는 이렇게 주장하고 싶다." 에드워드 N. 바씨스가 말했다. "의미를 추구하는 의지는 나이든 세대보다는 젊은 세대들에게 더 많은 동기가 된다. 어린 아이가 언어구사능력을 충분히 발달시켜 우리의 추론을 확인해 주는 나이가 되기 전까지는 오로지 그런 동기가 존재한다는 사실을 추측할 뿐이라는 문제가 대두된다. 그러나 현상학적으로 어린 아이에게 의미를 추구하려는 의지가 있다는 증거가 나에게는 설득력 있는 것으로 보인다. 이 세상에 태어난 순간부터 인간은 풀어야 할 의문거리와 탐험하고 경험해야 할 관계들과 발명해야 할 활동들을 끊임없이 제시하는 세상 속으로 들어가게 된다. 아기가 그렇게 적극적으로 새로운 것을 경험하고 싶어 하고, 자신과 자기를 둘러싼 환경을 갖고 실험을 해 보고 싶어하고, 끊임없이 창조적이고 혁신적이며, 자기의 잠재력을 발전시키는 것은 의미를 추구하려는 의지 때문이다. 나는 누구에게나 일정한 시간 동안 한 살짜리 어린 아이를 관찰해 볼 것을 권한다. 그런 다음에 아이에게서 발견되는 목적을 지닌 행동과 필요의 충족과 충동의 감소를 기반으로 얻게 되는 삶의 기쁨에 대해 설명해 볼 것을 권한다."

에서만 그 모습을 드러낼 수도 있는 것이다.** 여기서 전적으로 인간에게만 있는 능력인 상징을 만들어내고 이용하는 능력을 생각해 보자. 언어를 자유자재로 구사할 수 있는 능력을 가지고 태어난 아이를 본 사람 전혀 없음에도 불구하고 이것이 인간만이 가지고 있는 특성이라는 데에는 의심의 여지가 없을 것이다.

앞에서 인간은 쾌락이나 행복에 관심을 기울이기보다는 이런 결과를 가져오는 원인에 대해 관심을 기울인다는 말을 했다. 이것은 불행한 일을 겪은 경우에 더 잘 나타난다. 어떤 사람이 사랑하는 사람의 죽음으로 슬퍼하다가 이런 슬픔에서 벗어날 수 있도록 해주는 진정제 몇 알을 받은 경우를 상상해 보자. 신경증적인 도피증에 걸린 사람이 아니라면 그 사람이 자기 슬픔을 이런 식으로 진정시키기를 거부할 것은 확실하다. 왜냐하면 그 사람은 이것이 아무것도 바꾸어 놓을 수 없다는 것, 이런 방식으로 사랑하는 사람이 살아 돌아오지 않는다고 생각할 것이기 때문이다. 즉 슬퍼해야 할 이유는 그대로 남아 있다는 말이다. 그가 신경증에 걸린 사람이 아닌 이상 그는 슬픈 마음을 없애는 것보다는 그 슬픔을 불러 일으킨 원인에 더 관심을 쏟을 것이다. 어떤 사건을 보고 눈을 감는다고 해서 그 사건 자체가 없어지는 것은 아니라는 사실을 알 만큼 충분히 현실적일 것이다. 그리고 내 생각에는 과학자 역시 보통 사람들이 그런 것처럼 현실적이며, 그 의도적 대상과 관련지어 인간의 행동을 탐구할 것이다.

크럼보우와 마홀릭은 다음과 같은 말로 의미를 추구하는 의지의 개념을 경험적으로 확증하고 있다.*

"관찰 자료와 실험 자료에 나타난 추세는 프랭클이 말한 대로 인간 안에 가상의 충동이 존재한다는 사실을 보여 주고 있다."

하지만 이 말은 의미를 추구하려는 의지를 '인간 안에 있는 충동'이라고 얘기하는 것이 과연 옳은 것인가 하는 의문을 불러일으킨다. 나는 그렇게 생각하지 않는다. 왜냐하면 우리가 의미를 추구하려는 의지를 또 다른 형태의 충동으로 본다면 인간은 기본적으로 내면의 평온 상태에 관심을 기울이는 존재라고 할 수 있기 때문이다. 그때도 인간은 분명히 의미를 찾으려는 충동을 만족시키기 위해 의미를 성취하려고 할 것이다. 말하자면 내면의 평온을 다시 찾기 위해 의미를 성취한다는 말이다. 그러면 그는 의미 그 자체를 위해서가 아니라 그 자신을 위해서 의미를 성취한다.

항상성 이론에 동의하는 문제와는 별도로 인간의 우선적인 관심사를 충동의 견지에서 생각하는 것은 상황의 실제 상태를 부정확하게 표현하는 것에 불과하다. 인간이 의미를 지향하고 있을

---

* James C. Crumbaugh and Leonard T. Maholick, 〈The Case for Frankl's 'Will to Meaning'〉, 《Journal of Existential Psychiatry》 4 : 43, 1963.

때 그의 내면에서 무슨 일이 일어나고 있는가를 편견 없이 관찰하는 것은, 한편으로 어떤 것에 강제로 몰리는 것과 어떤 것을 위해 전력 투구하는 것 사이의 근본적인 차이가 무엇인지를 드러내 준다. 인간이 충동에 의해 밀리는 것이 아니라 의미에 의해 끌려간다는 사실은 인생 경험에서 즉각적으로 얻을 수 있는 자료 중의 하나이다. 이 말은 곧 인간이 의미를 달성하기를 원하느냐 그렇지 않느냐를 결정하는 권한이 항상 그 자신에게 있다는 것을 의미한다. 따라서 의미를 달성하는 일은 결정을 내리는 일과 항상 동일한 것이다.

내가 의미를 추구하는 의지에 대해 말하는 이유는 그 개념을 의미를 향한 충동으로 잘못 해석하는 것을 막기 위해서이다. 전문 용어에 포함된 주의설적(主意說 : 의지가 정신작용의 근저 혹은 세계의 근기라는 설) 편견이 결코 아니다. 롤로 메이*가 "실존적인 접근법은 결정과 의지를 다시 그림의 중앙으로 돌려 놓았으며, 그 후에 실존적인 방법에 입각해서 정신병을 치료하는 사람들은 의지와 결정의 문제를 치료 과정의 중심으로 생각하게 되었다. 처음에 집을 지었던 사람들이 내버렸던 바로 그 돌이 이제는 주춧돌이 된 것이다"라고 주장한 것은 사실이라고 할 수 있다. 그러나 나는

---

*Rollo May, 〈Will, Decision and Responsibility〉, 《Review of Existential Psychology and Psychiatry》1 : 249, 1961.

여기에 다음과 같은 점을 덧붙이고 싶다. 그 동안 의지가 지닌 힘에 대해 설교하거나 주의론에 대해 가르치는 폐해에 다시 빠지지 않기 위해 주의를 기울여 왔다는 점이다. 의지는 요구할 수도 명령할 수도 강요할 수도 없다. 인간은 의지의 힘으로 의지를 갖도록 할 수는 없다. 의미를 추구하려는 의지가 나타났을 때에는 의미 그 자체가 무엇인지 명료하게 밝혀져야 한다.

샬롯 뷜러*는 "건강한 생체 조직의 기능 작용은 긴장의 해소와 긴장의 유지라는 두 가지 요소의 변화에 의해 좌우된다"고 믿었다. 그런 개체발생적 변화는 계통발생적 변화와 평행선상에 있다. 인류의 역사에도 긴장이 증가하는 시기와 긴장이 감소하는 시기가 있었다는 사실을 관찰할 수 있다.

프로이트의 시대는 긴장의 시대였다. 그 긴장은 대규모로 이루어진 성(性)에 대한 억압에서 비롯된 것이었다. 지금 우리는 안식의 시대에 살고 있다. 좀 더 구체적으로 말하자면 성에 대한 억압으로부터 해방된 시대에 살고 있다는 것이다. 특히 앵글로 색슨족 나라 사람들은 청교도 정신에서 비롯된 대대적인 성적 억압으로 너무나 긴 세월 동안 고생을 했다. 내가 제1장에서 지적한 바와 같이 그들을 성적인 억압으로부터 해방시킨 프로이트의 기여

---

*Charlotte Bühler, 〈Basic Tendencies in Human Life : Theoretical and Clinical Considerations〉, 《Sein und Sinn》, edited by R. Wisser, Tübinger, 1960.

가 그들로 하여금 인생의 문제에 있어서 프로이트에게 일종의 부채의식을 갖게 했고, 이런 부채의식이 정신의학 분야에 있어서 정신분석을 넘어서려는 새로운 접근법에 대해 비이성적으로 저항하도록 만들었던 것이다.

요즘 사람들에게는 긴장이 없다. 이런 긴장의 부족은 무엇보다도 내가 실존적 공허 혹은 의미를 추구하는 의지의 좌절이라고 말한 바로 그 의미의 손실에서 비롯된 것이다. 조지아 대학 신문에 실린 사설에서 베키 리이트는 다음과 같은 질문을 던졌다.

"요즘 젊은 세대들에게 프로이트와 아들러는 어떤 의미가 있을까? 우리는 성적인 충족의 영향으로부터 우리를 해방시켜 주는 알약을 갖고 있다. 오늘날 의학적으로 충족시키지 못할 욕구는 없다. 그리고 우리는 힘을 갖게 되었다. 미국의 정치인들이 스물다섯 살 이하의 군중들에게 그렇게 민감하다는 것이 이 사실을 입증해 주고 있다. 아니면 중국의 홍위병만 보아도 그렇다. 그런데 다른 한편에서 프랭클 박사는 요즘 사람들은 실존적 공허 속에 살고 있으며, 그 실존적 공허는 권태를 느끼는 상태에서 주로 나타난다고 했다. 권태, 친숙하게 들리지 않는가? 권태감 때문에 고통을 호소하고 있는 사람을 당신은 몇 명이나 알고 있는가? 프로이트의 섹스나 아들러의 권력을 포함해서 세상 모든 것을 간단하게 손에 쥘 수 있음에도 불구하고 말이다. 이것이 당신에게 의문을 갖게 한다. 프랭클 박사는 답을 갖고 있을 것이다."

물론 그는 해답을 갖고 있지 않다. 해답을 주는 것이 로고테라피의 역할은 아니다. 그것의 실제 역할은 일종의 촉매 역할이다. 로고테라피가 이런 기능을 하고 있다는 것은 한 미국 젊은이가 베트남에서 보낸 편지를 보아도 알 수 있다.

"저는 아직 당신의 철학으로부터 내 질문에 대한 해답을 찾지는 못했습니다. 그러나 당신은 자아분석이라는 나의 수레바퀴를 다시 돌아가도록 해주었습니다."

그 동안 교육이 어느 정도까지 실존적 공허를 심화시키고 긴장의 결여에 기여했을까? 아직도 항상성의 이론에 기반을 두고 있는 교육은 젊은이들에게는 될 수 있는 대로 적은 요구를 부과해야 한다는 원칙을 지침으로 삼고 있다. 젊은이들이 과도한 요구를 받아서는 안 된다는 것은 사실이다. 그러나 오늘날과 같이 사회가 물질적으로 풍요로운 시대에는 대부분의 사람들이 요구가 너무 많아서가 아니라 오히려 너무 적어서 고통받고 있다는 사실을 염두에 두어야 한다.

풍요로운 사회는 사람들의 긴장이 결여되어 있는 탓에 요구가 별로 없다. 하지만 긴장이 없는 사람은 건전한 방식이나 불건전한 방식으로 그런 긴장을 만들어내려고 한다. 건전한 방식에 관해서 말하자면 사람들로 하여금 요구가 부족한 사회가 그들에게 부과되지 않았던 요구를 일부러 자기 자신에게 부과하도록 함으로써 긴장에 대한 요구를 지탱해 주는 스포츠의 기능이 바로 그런 것이라 할 수 있다. 그리고 더 나아가 금욕주의도 스포츠와 비슷한 것으로 보인다. 따라서 독일의 사회학자 아놀드 겔렌*이 개탄한 "세속적인 것 중에는 중세 금욕주의의 미덕을 대체할 만한 것이 없다"라는 말은 옳은 말이 아니다.

긴장을 만들어내는 불건전한 방법에 대해서 말하자면 특히 젊은이들 사이에 유행하는 비트족이나 불량배로 불리는 부류를 생각해 볼 수 있다. 그들은 경찰을 자극한다. 빈의 경우에서처럼 그리고 미국 동부 해안의 경우에서처럼 그들은 '담력시험'을 한다. 이런 부류의 사람들은 파도타기에 중독된 사람과 같은 형태로 자기 생명을 위험에 빠뜨리고 있다. 미국 서부 해안 지역의 경우에서처럼 이런 목적을 위해 학교에 빠지고 수업을 빼먹는다. 물론 여기서 내가 어떤 것에 중독된 사람들에게만 얘기를 국한시키고 있다는 점을 밝혀야 할 것 같다. 환각제에 중독된 사람들은 똑같은 목적 즉 스릴과 흥분을 느끼기 위해 그것을 복용한다. 영국에서는 모드(mod : 유별나게 만든 최신 복장을 입은 10대의 젊은이)와

---

*Arnold Gehlen, 《Anthropologische Forschung》, Rowohlt, Hamburg, 1961.

로큰롤 주자들이 서로 싸움을 벌였다.

한편 오슬로에서는 한때 야만 행위를 저질렀던 젊은이들이 이제는 비문화적인 야만 행위를 막는 일을 성공적으로 해내고 있다. 매일 밤 14세에서 18세에 이르는 열두 명의 지원자가 포그너 공원의 수영장을 지키고, 전차의 좌석 시트가 찢겨져 나가는 것을 막기 위해 전차를 탄다. 그중 반 수 이상이 한때 불량배였던 젊은이였다. 전문가는 이렇게 보고하고 있다.

"그들은 법을 옹호하는 것이 법에 저항하는 것만큼이나 재미있다는 사실을 알게 되었다."

다시 말하자면 그들은 이 사회에 부족한 긴장과 흥밋거리를 찾고 있었던 것이다.

교육이 젊은이들이 이상이나 가치와 만나는 것을 막고 있다. 이상과 가치가 기피되고 있는 것이다. 유럽 사람들 눈에는 아주 충격적인 것으로 보이는 미국 사회의 특징이 있다. 미국 사회에는 권위적인 사람이 되거나 심지어 지도자적인 사람이 되는 것을 피하려는 강박 관념이 있다는 것이다. 이런 강박 관념을 갖게 된 요인은 아마 도덕적, 윤리적 권위주의와 전체주의라고 할 수 있는 청교도주의로 거슬러 올라갈 수 있을 것이다. 바로 이런 청교도주의에 대한 반작용으로 젊은이들에게 이상과 가치를 제시하지 않으려고 하는 강박 관념이 형성되었다고 할 수 있다.

의미와 목적이 우리 자신을 짓누를지도 모른다는 집단적이고 강박적인 두려움이 결국 이상과 가치를 거부하는 특이체질을 낳게 했다. 따라서 어린 아기는 목욕물과 함께 버려지고, 이상과 가치들도 사라져 버렸다. 그러나 오클라호마 의과대학의 정신과, 신경과, 행동과학과 과장인 L. J. 웨스트*는 이런 말을 했다.

"우리 젊은이들은 이상주의를 감당할 수 있다. 왜냐하면 그들이 풍요로운 사회의 혜택을 받는 첫번째 세대이기 때문이다. 그러나 그들은 물질주의(변증법적이거나 자본주의적인)를 감당할 수는 없다. 왜냐하면 그들이 세상의 종말을 볼 수 있는 첫번째 세대이기 때문이다. 우리의 젊은 남녀들은 인류의 형제애에 대한 이상만이 이 세상을 그리고 그들을 구원할 수 있다는 것을 알 수 있을 만큼 교육받았다."

그것은 분명히 맞는 말이다. 여기서 오스트리아의 노동조합이 실시한 공개 여론조사를 예로 들어 보겠다. 설문조사에 응한 1,500명의 젊은이 중에서 87퍼센트가 이상을 갖는 것이 가치 있

---

* Louis Jolyon West, 〈Psychiatry, 'Brainwashing', and the American Character〉, 《American Journal of Psychiatry》 120 : 842, 1964.

는 일이라는 믿음을 나타낸 것으로 드러났다. 일반적인 정신의학자들의 말 대신에 최정상에 있는 정신의학자인 존 H. 글렌*의 말을 인용하자면 "이상은 생존의 원료"이다.

항상성 이론에서 주장하는 것과는 반대로 긴장은 무조건 피해야 할 것이 아니며, 마음의 평화, 즉 영혼의 평화는 무조건 인정해야 하는 것이 아니다. 어느 정도의 긴장, 의미를 성취하는 과정에서 발생하는 긴장과 같은 종류의 긴장은 인간 존재에 본래부터 있는 것이고, 정신적으로 잘 존재하기 위해 없어서는 안 되는 것이다. 인간에게 무엇보다 가장 필요한 긴장은 어떤 목표를 지향하는 과정에서 만들어지는 긴장이다. 프로이트**가 이렇게 말한 적이 있다.

"인간은 어떤 확고한 이념을 지지하고 있는 한 강하다."

실제로 유태인 강제수용소와 일본이나 북한의 전쟁포로 수용소(나르디니***와 리프톤****이 각각 시험해 보았다)에서 이것을 시험해 본 적이 있다. 심지어 정상적인 상황에서도 확고한 의미를

---

* John H. Glenn, 〈The Detroit News〉, February 20, 1963.
** Sigmund Freud, 《Gesammelte Werke》, Vol. 10, p. 113.
*** J. E. Nardini, 〈Survival Factors in American Prisoners of War〉, 《American Journal of Psychiatry》 109 : 244, 1952.

갖도록 지도하는 것이 건강을 증진시키고, 생명을 연장시키는(생명을 보존하지는 못 한다 하더라도) 동인이 된다. 그것이 육체의 건강뿐만 아니라 정신의 건강도 만들어 준다(코트헨*****). 캘리포니아의 버클리 대학 캠퍼스에서 농성이 시작되었을 때, 학교 병원의 정신과를 찾는 학생의 수가 뚝 떨어졌다. 하지만 농성이 끝나고 나자 그 숫자가 다시 심하게 증가했다. 그 몇 달 동안 학생들은 언론 자유 운동에서 의미를 발견했던 것이다.

자유에 대해 얘기하니까 몇 년 전에 미국의 한 대학에서 강연했을 때 일어났던 일이 떠오른다. 미국에서 저명한 프로이트 학파의 학자가 내 논문에 대해 논평을 하는 자리에서 자기가 얼마 전에 모스크바에 다녀왔다는 얘기를 했다. 그곳에서 그는 미국과 비교해 신경증이 발생하는 사례가 적다는 사실을 발견했다는 것이다. 그는 그 원인이 공산국가에 사는 사람들에게는 완수해야 할 임무가 주어지는 횟수가 그만큼 많기 때문이라고 풀이했다. 그는 다음과 같이 결론을 내렸다.

"이 말은 의미에 대한 지도와 임무를 갖도록 교육하는 것이 정신 건

**** Robere J. Lifton, 〈Home by Ship〉 Reaction Patterns of American Prisoners of War Repatriated from North Korea〉, 《American Journal of Psychiatry》 110 : 732, 1954.
***** Theodre A. Kotchen, 〈Existential Mental Health ; An Empirical Approach〉, 《Journal of Individual Psychology》 16 : 174, 1960.

강에 중요하다는 박사님의 이론에 찬성한다는 뜻입니다."

그로부터 1년 후에 폴란드의 정신의학자들이 로고테라피에 대해 쓴 논문을 달라는 요청을 해왔다. 나는 그들에게 논문을 주면서 미국 정신분석 학자의 말을 인용했다.

"여러분은 미국 사람들보다 신경증에 덜 걸릴 겁니다. 왜냐하면 완수해야 할 임무가 더 많기 때문이지요."

내가 말했다. 그러자 그들은 슬며시 미소를 지었다.

"하지만 이 점은 잊지 마십시오. 미국 사람들은 자기의 임무를 스스로 선택할 자유를 갖고 있다는 것이지요. 내 눈에는 때로 여러분이 거부하는 것처럼 보이는 그런 자유 말입니다."

그러자 그들의 얼굴에서 웃음이 사라졌다.

서방 세계와 동구를 합쳐서 임무와 자유를 혼합할 수 있다면 얼마나 멋질까? 그러면 자유는 마음껏 꽃을 피울 수 있을 것이다. 정말로 자유는 적극적인 보완을 필요로 하는 소극적인 개념이다.*

그리고 그 적극적인 보완이란 책임을 진다는 것을 의미한다. 책임진다는 단어는 의도적으로 다음의 두 가지를 가리키고 있다. 우리가 성취해야 할 책임이 있는 의미를 가리킬 뿐만 아니라 우리

---

*똑같은 원리가 항의 운동의 기반이 되는 여러 개념에도 적용될 수 있다. 많은 항의 운동들이 실제로는 '핵실험 반대운동'과 같은 것이다. 적극적인 대안을 제시하지 않고 반대만 한다.

가 책임감을 가져야 할 존재를 가리키기도 한다. 따라서 건전한 민주주의의 정신을 책임지지 않는 자유로 이해한다면 그것은 일방적인 생각에 불과하다고 말할 수 있다. 자유는 책임의 견지에서 영위되지 않으면 제멋대로의 상태로 전락할 우려가 있다. 그래서 나는 동부 해안에 있는 자유의 여신상을 보완하는 의미에서 서부 해안에 책임의 여신상을 세워야 한다고 말하고 싶다.

의미가 뜻하는 것은 무엇인가

그 동안 나는 '확고한 생각', 프로이트가 표현한 대로 자기를 붙잡아 주는 '확고한 이상'이 없으면 존재가 흔들린다는 사실을 알리기 위해 노력해 왔다. 알버트 아인슈타인의 말을 인용하자면 "자기 삶이 의미 없다고 생각하는 사람은 단지 불행할 뿐만 아니라 인생에 적합한 사람이 되기도 힘들다."

그러나 존재는 계획된 것일 뿐 아니라 그것을 초월하는 것이기도 하다. 자기 초월은 존재의 핵심이다. 인간으로 존재한다는 것은 곧 그것과 다른 어떤 것을 지향한다는 것을 의미한다. 루돌프 알러스의 말을 인용하면 이런 '타자성' otherness 아래에서 인간 행위가 겨냥하고 있는 의도 대상으로서의 '타자성'이 성립된다.* 알러스의 말을 다시 인용하자면 그렇게 함으로써 "초주관적인 영역"이 성립되는 것이다.** 그러나 요즘 이런 초주관성을 약화시키는 것이 유행처럼 되어 버렸다. 실존주의의 영향을 받아 인간 존재의 주관성에 강조점이 놓이게 된 것이다. 하지만 이것은 정말로 실존주의를 잘못 해석한 것이다. 주관과 객관의 이분법을 극복한 척 하는 학자들도, 진정한 현상학적 분석이 보여 주는 것처럼 주관과 객관 사이에 긴장의 자기장이 성립되지 않은 곳에서는 인식과 같은 것이 존재하지 않는다는 사실을 모르고 있다. 이런 학자들은 "세상 안의 존재"라는 말을 자주 한다. 그러나 이 문장을 제대로 이해하기 위해서는 인간으로 존재한다는 것의 진정한 의미는 어떤 상황에 깊이 연루되고, "세상에 있는" 그 "존재"의 주관으로부터 객관과 현실이 도출되는 세상과 대면하는 것이라는 사실을 반드시 인식해야 한다.

대상의 타자성, 즉 객관성을 유지한다는 것은 객관과 주관 사이에 조성된 긴장을 유지한다는 것을 의미한다. 이 긴장은 '나'와 '내가 해야 하는 것' *** 즉 현실과 이상 사이에 조성된 긴장과 같은 것이다. 만약 이런 긴장을 보전하려면 의미가 존재와 일치하는 것을 막아야 한다. 존재와 일정한 보폭을 유지하는 것이 의미가 지닌 의미라는 점을 말해야겠다.

---

* Rudolf Allers, 〈The Meaning of Heidegger〉, 《The New Scholasticism》 26 : 445, 1962.
** Rudolf Allers, 〈Ontoanalysis : A New Trend in Psychiatry〉, 《Proceedings of the American Catholic Philosophical Association》, 1961, p. 78.
*** Viktor E. Frankl, 《Psychotherapy and Existentialism : Selected Papers on Logotherapy》, Washington Square Press, New York, 1967.

이것이 꼭 필요하다는 것을 성경의 이야기를 비유해서 얘기해 보겠다. 이스라엘 사람들이 황야에서 헤매고 있을 때, 하나님의 영광이 구름의 형태를 띠고 그들을 인도하고 있었으며, 오로지 이것을 통해서만 이스라엘 사람들이 하나님의 인도를 받고 있다는 사실을 알 수 있었다. 하지만 구름의 형태를 띤 하나님의 존재가 이스라엘 사람들 가운데 있었다면 어떤 일이 일어났을까 한번 생각해 보자. 사람들을 인도하는 대신 모든 것을 구름으로 감쌌을 것이고, 결국 이스라엘 사람들은 길을 잃고 말았을 것이다.

이런 견지에서 절정 체험과 자기 실현 과정에서 나타나는 사실과 가치의 혼합에 어떤 위험이 도사리고 있다는 사실을 알 수 있다.* 왜냐하면 절정 체험에서는 나라는 '존재'와 '내가 해야 하는 것'이 서로 뒤섞이기 때문이다.** 그러나 인간으로 존재한다는 것은 곧 성취해야 할 의미와 실현시켜야 할 가치 안에 존재한다는 것을 의미한다. 그것은 현실과 실현시켜야 할 이상 사이에 조성된 긴장 안에서 산다는 것을 의미한다. 인간은 이상과 가치로 세상을 살아간다. 인간 존재가 자기 초월의 견지에서 영위되지 않는다면 진정한 존재라고 할 수 없다.

---

* Abraham H. Maslow, 《Eupsychian Managemrnt : A Journal》, R. Irwin, Homewood, Illinois, 1965.
** Abraham H. Maslow, 〈Lessons from the Peak-Experiences〉, 《Journal of Humanistic Psychology》 2 : 9, 1962.

의미와 가치에 대한 인간 고유의 자연스러운 관심이 현재 만연하고 있는 주관주의와 상대주의로 위험에 처해 있다. 이 두 가지 모두가 이상주의와 열정을 부식시킬 수 있다.

이제 미국의 한 정신의학자로부터 들었던 다음의 사례에 주의를 기울이기 바란다.

"찰스는 치과의사나 의사와 같은 전문직을 가진 사람으로부터 진료비의 명목으로 청구서를 받게 되면 그의 말대로 '화가 나서' 그중 일부만 내거나 아예 내지 않는다고 한다. 하지만 빚을 대하는 나의 태도는 이와는 아주 다르다. 나는 청구서가 요구하는 것을 즉시 지불하는 것에 커다란 가치를 두고 있다. 여기서 나의 가치에 대해서 논하려는 것은 아니다. 그보다는 그 행동이 보여 주는 정신역학적인 면에 초점을 맞추려고 한다. 왜냐하면 즉각적으로 돈을 내야 한다는 내 자신의 강박증적인 요구가 신경증적인 동기에서 나온 것이기 때문이다. 어떤 상황에서도 나는 환자에게 내 가치를 받아들이라고 지시하거나 설득하지 않으려고 의식적으로 애를 쓴다. 왜냐하면 가치라는 것은 절대적인 것이 아니라 상대적인 것이라고 믿기 때문이다."*

나는 청구서에 돈을 지불하는 행위에는 그것을 좋아하느냐 싫어하느냐에 상관없이 그리고 그것에 무의식적인 의미가 있느냐 없느냐에 상관없이 어떤 의미가 있을 수 있다고 생각한다. 고든 W. 알포트가 이와 관련해 적절한 말을 했다.

"프로이트는 표면적인 가치로부터는 끄집어낼 수 없는 동기들을 해석하는 데 전문가였다."**

그런 동기들이 존재한다는 사실이 일반적으로 그런 표면적인 가치에서 동기들을 끄집어낼 수 있다는 사실을 확실하게 바꾸지는 않는다. 만약 이것이 거부된다면, 그 거부 뒤에 숨어 있는 무의식적인 동기들은 과연 무엇일까?

이제 호이셔*** 박사의 서평을 한번 살펴 보자. 한 저명한 프로이트 학파의 정신분석 학자가 괴테에 대해서 쓴 두 권짜리 책에 대한 서평이다. 서평에는 이렇게 쓰여 있다. "1538페이지에 달하는 이 책에서" 필자는 "이 천재가 조울병적, 편집광적, 간질적 장애, 동성애, 근친상간, 기벽증, 노출증, 성도착증, 성적 무기력증, 자아도취, 강박 관념, 신경증, 과대망상증 등등을 가지고 있었다"고 말하고 있다. 예술 작품에 잠재해 있는 무의식적인 동력에만

---

* James S. Smith, in Charlotte Bühler, 《Values in Psychotherapy》, Free Press of Glencoe, New York, 1962.
** Gordon W. Allport, 《Personality and Social Encounter》, Beacon Press, Boston, 1960.
*** Julius Heuscher, Book Review, 《Journal of Existentialism》 5 : 229, 1964.

초점을 맞춘 것으로 보인다. 독자가 〔괴테의 작품을〕 그저 전성기기(前性器期)가 고착한 결과에 불과한 것이라고 믿도록 유도하고 있는 것이다. 진정으로 〔그의〕 투쟁은 이상과 아름다움, 가치를 위한 것이 아니라 골치 아픈 조루증을 극복하기 위한 것이었다는 것이다. 이 책은 그런 사실을 우리에게 다시 보여 주고 있다." 그러면서 서평의 필자는 이렇게 결론을 맺었다. "〔정신분석〕의 기본 입장은 실제로는 변한 것이 없다." 이제 우리는 다음과 같은 윌리엄 어윈 톰슨의 물음이 얼마나 타당한 것인지 알 수 있을 것이다.

"우리 문화에서 대다수의 교육받은 사람들이 천재들을 위장한 성도착자라고 계속해서 생각한다면, 모든 가치가 보통 사람보다 더 많이 알고 있는 과학자들의 규범이 아니라 집단적인 인간의 규범에서 나온 외양만 그럴 듯한 허구라고 계속 생각한다면, 일반 대중들이 가치의 문제에 전혀 관심을 기울이지 않고 대신 소비와 범죄, 부도덕한 일에 탐닉하면서 자기 자신을 잃어버리는 현상을 어떻게 개탄할 수 있겠는가?"*

이런 사태가 희생을 가져온다고 해도 그다지 놀랄 만한 일이

---

* Willam Irwin Thompson, 〈Anthropology and the Study of Values〉, 《Main Currents in Modern Through》 19 : 37, 1962.

아니다. 로렌스 존 하테레르*가 최근에 이 점을 지적했다.

"많은 예술가들이 자기 자신들에 대한 정신과 의사들의 해석에 분노를 표시하며 그들의 진료실을 나와 버렸다. 정신과 의사들은 작가들은 부정한 행위에 관한 이야기를 수집하는 사람이거나 가학, 피학성 변태성욕자이기 때문에 글을 쓰고, 배우는 노출증 환자이기 때문에 연기를 하며, 무용가는 관중을 성적으로 유혹하기 위해 춤을 추고, 화가는 화폭에 붓을 마음껏 문질러서 심한 변태증을 극복하기 위해 그림을 그린다고 말하고 있다."

때로는 여송연이 여송연일 수 있으며, 여송연에 불과할 수도 있다는 프로이트의 말은 참으로 현명하고 사려 깊은 말이다. 그것이 아니라면 이 말 자체가 하나의 단순한 방어기제, 즉 자기가 여송연을 피는 것을 합리화하기 위한 수단에 불과한 것일까? 이것이 무한한 퇴행regressus in infinitum일 수 있다. 매슬로우의 말을 인용해서 말하면 결국 우리는 "프로이트의 믿음, 즉 '결정된 것'과 '동기에 의해 유도된 것'을 동일시한 그의 믿음"에 동감하지 않는다. 매슬로우는 프로이트가 "마치 행동을 주관하는 또 다른 결정인자

---

*Lawrence John Hatterer, 〈Work Identity : A New Psychotherapeutic Dimension〉, Annual Meeting, American Psychiatric Aassociation, 《Psychiatric Spectator》에서 인용. Vol. II, 7 : 12, 1965.

가 없는 것처럼 '결정된 것'과 '무의식적 동기에 의해 유발된 것'을 동일시하는 실수를 범했다"는 점에서 그를 비난했다.

의미와 가치가 반동 형성과 방어기재에 지나지 않는다는 정의도 있다. 내 자신의 생각을 말할 것 같으면 나는 반동 형성을 위해서 살고 싶지도 않을 뿐만 아니라 방어기재를 위해서 죽고 싶은 생각은 더더욱 없다.

그러나 우리가 믿는 것만큼 의미와 가치가 상대적이고 주관적인 것일까? 어떤 의미에서는 그렇지만 그것은 상대론과 주관론이 생각하는 의미와 가치와는 다른 것이다. 의미라는 것은 어떤 특정한 상황 속에 있는 특정한 개인과 관계가 있다는 점에서 상대적이다. 의미는 첫째, 사람마다 다르고, 둘째, 날마다 다르며, 그리고 정말로 시간마다 다르다.

물론 나는 확실히 의미의 상대적인 면보다는 유일무이한 면에 대해 얘기하는 것을 더 좋아한다. 그러나 유일무이하다는 것은 어떤 상황이 지닌 특성일 뿐만 아니라 인생 전체의 특성이기도 하다. 왜냐하면 유일무이한 상황들의 연속이 바로 인생이기 때문이다. 따라서 사람은 본성에 있어서 그리고 존재에 있어서 모두 유일무이한 존재라고 할 수 있다. 결국 어느 누구도 다른 것과 대체될 수 없는 존재라는 것이다. 개개인이 지닌 본성의 유일무이함 때문에 그리고 어느 누구도 그것을 반복할 수 없다는 점에서 개개인의 삶은 유일무일한 것이다. 그 존재의 유일무이함 때문에 조만간 그의 인생도 의미를 성취했던 그 모든 유일무이한 기회들과 함께 영원히 막을 내릴 것이다.

나는 이 문제에 관해서 지금으로부터 거의 2,000년 전에 살았던 유대의 위대한 현자 힐러처럼 명쾌하고 함축적인 말로 얘기한 사람을 이제까지 보지 못했다.

"만약 내가 그 일을 하지 않는다면 누가 그 일을 하겠는가? 그리고 내가 만약 지금 당장 그 일을 하지 않는다면 언제 그 일을 할 수 있을 것인가? 그리고 만약 내가 나 자신이기 때문에 그 일을 한다면 나라는 존재는 과연 무엇인가?"

'만약 내가 그 일을 하지 않는다면' 이 말은 내 자신의 유일무이함을 가리키는 말로 여겨진다. '내가 만약 그 일을 지금 당장 하지 않는다면' 이 말은 의미를 성취하기 위해 나에게 기회를 주었던 지나간 순간들의 유일무이함을 의미하는 말로 여겨진다. 그리고 '나 자신이기 때문에 그 일을 한다면' 여기에서 대두되는 문제가 바로 인간 존재의 자기 초월적 특성이다. 만약 내가 나 자신이기 때문에 그 일을 한다면 과연 나라는 존재는 무엇인가? 하는 질문에는 대답이 필요하다. 진정한 인간 존재라는 것이 그 대답이 될 것이다. 인간 존재를 구성하고 있는 특성이 그것이기 때문에 그 자신을 초월하고 그것 자체와는 다른 어떤 것으로까지 도달할 수 있는 것이다. 성 아우구스투스의 말을 빌어서 얘기하자면 인간의 심장은 그가 인생의 의미와 목적을 발견하고 그것을 달성하지

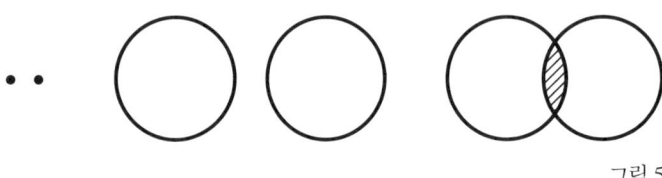

그림 5

않는 한 멈출 수 없다. 다음 장에서 살펴보셨시만 이 말은 내가 'noogenic'이라고 이름붙인 종류의 신경증에 대한 이론과 치료법을 요약해 놓은 것과 다름없는 말이다.

이제 의미의 유일무이함이라는 문제로 돌아가 보자. 이 말에는 다음과 같은 말이 뒤를 잇는다. 삶의 보편적인 의미라는 것은 없으며 오로지 어떤 개별적인 상황이 지닌 유일한 의미만 있을 뿐이라는 것이다. 그러나 우리가 이 점을 잊어서는 안 된다. 이런 상황들 중에서도 어떤 것을 공통으로 갖고 있는 상황들도 역시 있으며, 결과적으로 사회를 가로지르고 심지어 역사를 관통하면서 인간에 의해 공유되는 의미들도 역시 존재한다는 사실이다. 이런 의미들은 어떤 특정한 상황과 연관이 있다기보다는 인간의 조건을 의미한다고 할 수 있을 것이다. 그리고 이런 의미들은 가치에 의해 이해된다. 그렇기 때문에 어떤 사회나 인간이 직면해야 하는 전형적인 상황 안에서 정화된 의미의 일반 개념이라는 말로 가치를 정의할 수 있다.

가치를 소유하고 있으면 의미를 찾는 수고를 덜 수 있다. 왜냐하면 적어도 전형적인 상황에서는 따로 결정을 내리는 수고를

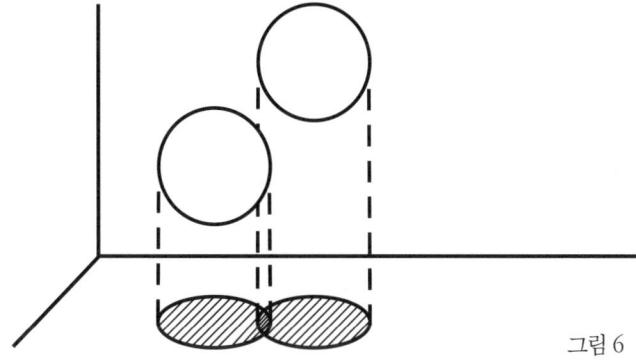

그림 6

하지 않아도 되기 때문이다. 하지만 불행하게도 인간은 이런 평안함에 대가를 치러야 한다. 왜냐하면 특정한 상황에 특정한 의미가 관련되어 있는 경우와는 대조적으로 두 개의 가치가 서로 충돌하는 경우도 있기 때문이다. 그리고 이런 가치의 충돌이 인간의 정신에 가치의 갈등이라는 형태로 투영되며, 그것이 noogenic 신경증의 중요한 요인이 되는 것이다.

특정한 의미를 점이라고 하고, 가치를 원이라고 해 보자. 두 개의 가치는 서로 겹쳐질 수는 있지만 특정한 의미에서는 이런 일이 일어날 수 없다는 것은 알 수 있을 것이다(그림 5 참조). 그러나 우리는 두 개의 가치가 실제로 서로 충돌할 수 있을까 하는 문제를 스스로에게 물어 보아야 한다. 즉 그것을 두 개의 2차원적인 원으로 유추하는 것이 과연 옳은가 하는 질문을 던져야 한다는 것이다. 그보다는 가치를 3차원적인 구형에 비유하는 것이 더 옳지 않을까? 3차원 공간에 쏘아 올린 두 개의 3차원 구형은 그 밑에 있는 2차원 평면에 서로 겹쳐지는 두 개의 2차원적인 원을 만들어 낼 수 있다. 구형이 서로 닿지 않음에도 불구하고(그림 6 참조) 두 개의 가치가 서로 충돌할 수 있다고 하는 말은 모든 차원을 다 고려에 넣지 않았기 때문에 하는 말이다.

그렇다면 여기서 말하는 차원이란 무엇인가? 그것은 가치 등급의 순위를 말한다. 막스 쉘러의 말에 따르면 가치를 매긴다는 것은 어떤 가치를 다른 가치보다 선호한다는 것을 암시한다. 쉘러는 가치를 매기는 과정에 대해 심도 있는 현상학적 분석을 했는데, 바로 이것이 그 최종 결과라고 할 수 있다. 가치의 등급은 가치 그 자체와 함께 경험할 수 있다. 다른 말로 하자면 하나의 가치에 대한 경험은 그보다 높은 등급에 있는 가치의 경험을 포함하고 있다는 말이다. 따라서 가치가 서로 충돌할 여지가 없다.

하지만 경험을 통해 가치 등급의 순위를 안다고 해서 인간이 결정을 내리는 일을 면하게 되는 것은 아니다. 인간은 충동에 떠밀리기도 하지만 가치에 의해 끌어 당겨지기도 한다. 어떤 상황에 제시된 가치를 받아들일 수도 있고 거부할 수도 있는 자유가 언제나 인간에게 있는 것이다. 이것은 가치 등급의 순위에도 마찬가지로 적용되는 것이다. 왜냐하면 그것이 도덕적이고 윤리적인 전통과 기준에 의해 전달되기 때문이다. 그것에는 여전히 테스트, 즉 인간의 양심이라는 테스트가 필요하다. 그렇지 않으면 인간은 자기 양심에 따르는 것을 거부하고 양심의 목소리를 억누를 것이다.

지금까지 의미가 상대적인 것인가 하는 문제를 다루었으니 이제는 과연 그것이 주관적인 것인가 하는 문제로 논의를 진행시켜 보자. 결국 의미는 해석의 문제가 아닐까? 그리고 그 해석은 어느 경우에 있어서나 결정을 의미하는 것은 아닐까? 선택을 해야 하는 다양한 해석들이 가능한 상황이란 없는 것일까? 내 자신의 경험이 그런 상황들이 있다는 것을 시사하고 있다.* 미국이 제2차 세계대전에 개입하기 바로 직전에 나는 빈에 있는 미국 대사관으로부터 이민 비자를 받으러 오라는 초대장을 받았다. 당시 나는 빈에서 연로한 부모님과 함께 살고 있었다. 대사관에서는 나에게 아무것도 요구하지 않았다. 그저 비자를 받아서 미국으로 서둘러 떠나기만 하면 그만이었다. 그러나 마지막 순간에 나는 망설이기 시작했다. 왜냐하면 스스로 이렇게 물었기 때문이다. '내가 정말로 이렇게 해야 하나? 결국 내가 이 일을 할 수 있을까?' 갑자기 부모님은 어떻게 될까 하는 생각이 떠올랐다.

그 당시의 상황으로 미루어 볼 때 2주 안에 부모님이 강제수용소나 학살수용소에 보내질 것이 분명했다. 그렇다면 내가 정말로 부모님을 그들의 운명에 맡긴 채 빈에 남겨두어야 할까? 그 전

---

* Viktor E. Frankl, ⟨Luncheon Address to the Third Annual Meeting of the Academy of Religion and Mental Health⟩, 《Journal of Existential Psychiatry》 4 : 27, 1963.

까지 나는 부모님을 이런 운명으로부터 보호할 수 있었다. 왜냐하면 내가 빈에 있는 유태인 병원의 신경과 과장이었기 때문이다. 그러나 만약 내가 떠나면 상황은 금세 달라질 것이다. 내 진정한 책임이 무엇인가에 대해 깊이 생각하는 동안 나는 이것이 우리가 흔히 얘기해 온 '하늘로부터의 힌트'라는 것을 구해야 하는 종류의 상황이라는 생각을 하게 되었다.

그 다음에 나는 집으로 갔다. 집에 갔을 때 테이블 위에 대리석 조각이 놓여 있는 것이 보였다. 나는 아버지에게 어떻게 해서 그 돌이 거기에 있는지를 물었다. 아버지는 "빅토르가 오늘 아침에 유태인 예배당이 서 있던 곳에서 이것을 가져 왔단다"라고 말씀하셨다. 그 예배당은 국가 사회주의자들이 불 질러 버린 예배당이었다.

"그런데 왜 그걸 가져 오셨어요?" 내가 물었다.

"십계명이 들어 있던 테이블의 일부였기 때문이지."

그리고 그는 나에게 대리석 위에 새긴 금박 입힌 히브리 글자를 보여 주었다.

"만약 네가 십계명의 한 대목을 차지했던 이 히브리 글자에 관심이 있다면 너에게 더 얘기해 줄 수도 있다." 나는 열심히 물어 보았다. "어떤 건데요?" 아버지의 대답은 이랬다.

"부모를 공경하라. 그러면 너는 내 나라에서 살게 되리라."

바로 그 자리에서 나는 부모님과 함께 그 나라에 머물겠다고 결심하고 비자를 취소시켜 버렸다.

만약 누군가가 이것이 일종의 투시 테스트이고, 내가 그 전에 이미 마음 깊은 곳에서 결정을 내려 놓았음에 틀림이 없고, 그것을 대리석 조각의 출현에 투시했을 뿐이라고 말한다면 그것은 지극히 옳은 말이라고 할 수 있을 것이다. 하지만 만약 내가 그 대리석 조각을 칼슘 카보네이트에 지나지 않는 것으로 보았다면 이것 역시 투시 테스트의 결과가 아닐까. 보다 구체적으로 말하자면 무의미하다는 생각이나 혹은 내가 실존적 공허라고 이름붙인 내면의 허무감과 공허한 생각이 이런 식으로 표현된 것이라 할 수 있다는 말이다.

따라서 어느 모로 보나 의미는 우리 주위에 있는 것들, 그것 자체로는 중립적인 것들에 우리가 투사시킨 어떤 것을 뜻한다. 그리고 이런 중립성의 견지에서 현실은 우리가 바라는 바가 투사되어 있는 하나의 스크린에 불과한 것이라고 할 수도 있다. 말하자면 로르샤흐의 얼룩점*인 것이다. 만약 그렇다면 의미는 자기 표현의 수단에 불과하게 된다. 지극히 주관적인 것이 된다는 말이

---

* Rorschach blot : 독일의 정신과 의사인 로르샤흐가 개발한 성격 진단 방법으로 10개의 종이 위에 유색이나 무색으로 좌우 대칭이 되도록 잉크 얼룩점을 그려 대상자에게 보인 다음 그것이 무엇으로 보이느냐에 따라 성격이나 지능 정도, 독창성의 유무를 판가름하는 검사 방법이다.
** cf. Kai Nielsen, 〈Linguistic Philosophy and Beliefs〉, 《Journal of Existentialism》 6 : 421, 1966. 그는 "삶 자체는 발견되어야 할 의미를 가지고 있지 않다. 그러나 삶은 어떤 것이든 간에 우리가 부여하는 의미를 가지고 있다"고 말하고 있다. 그리고 그는 A. J. Ayer(〈Deistic Fallacies〉, 《Polemic》 1 : 19, 1946)가 한 비슷한 말에 의거하고 있다.

다.** 그러나 여기서 유일하게 주관적인 것은 우리가 그것을 통해 현실에 접근하는 시각이며, 이런 주관성이 현실 그 자체의 객관성을 손상시키지는 않는다.

하버드 대학에서 있었던 한 세미나에서 나는 학생들에게 이런 현상에 대해 즉흥적으로 설명한 적이 있다.

"이 강의실의 창문을 통해 하버드 예배당을 바라보십시오. 여러분은 자기 자리가 어디에 위치하고 있느냐에 따라 각자 다른 방식으로, 각자 다른 전망을 가지고 예배당을 보고 있습니다. 만약 어떤 사람이 자기는 옆에 있는 사람이 보는 것과 똑같이 예배당을 보고 있다고 말한다면 나는 두 사람 중 한 사람이 환각 상태에 있다고 말할 수밖에 없을 겁니다. 전망이 서로 다르다는 사실이 예배당의 객관성과 현실을 손상시킵니까? 분명히 그렇지 않습니다."

인간의 인식은 만화경적인 것이 아니다. 만약 당신이 만화경 안을 들여다 본다면 만화경 안에 있는 것만 보게 된다. 반면에 만약 망원경으로 본다면 당신은 망원경 밖에 있는 것을 보게 된다. 만약 당신이 세상이나 세상 속에 있는 사물을 본다면 당신은 전망 그 이상의 것을 보게 된다. 우리가 전망을 통해서 보는 것은 그 전망이 아무리 주관적인 것이라고 할지라도 객관적인 세상이다. 실제로 '통해서 본다'라는 말은 'perspectum'이라는 라틴어를 글자 그대로 번역한 것이다.

나는 '객관적'이라는 용어를 알러스*가 쓴 것처럼 보다 신중한 용어인 '초주관적'이라는 단어로 대체하는 것에 대해 반대하지 않는다. 그렇다고 해도 차이가 없다. 사물이라고 말하든 의미라고 말하든 차이가 없다. 두 가지가 다 초주관적이다. 자기 초월에 대해 얘기할 때마다 항상 이런 초주관성이 전제되어 왔다. 인간은 자기 자신과는 다른 어떤 것, 자기 자신의 단순한 표현을 넘어선, 자기 자신의 단순한 투사를 넘어선 의미를 향해 자신을 초월하고 있다. 의미는 발견되는 것이지 만들어내는 것이 아니다.

이것은 이상과 가치는 인간에 의해 고안되고 만들어진다고 하는 장 폴 사르트르의 주장과 대립되는 것이다. 혹은 장 폴 사르트르가 그랬던 것처럼 인간은 그 자신을 만들어낸다는 주장과 대립되는 것이다. 이것이 나에게 회교도 탁발승의 계략을 생각나게 한다. 탁발승이 아무것도 없는 허공에 밧줄을 던진다고 말한다. 밧줄을 고정시킬 것이 아무것도 없는 공간에, 그리고 던지는 척 한다. 그러면 소년이 밧줄을 타고 올라간다. 사르트르도 역시 아무것도 없는 허공에 이상을 '쏘아 올리고'(글자 그대로 앞쪽으로 높이 던진다는 의미의) 인간이 이런 이상의 실현과 자아의 완성이라

---

* Rudolf Allers, 〈Ontoanalysis : A New Trend in Psychiatry〉, 《Proceedings of the American Catholic Philosophical Association》, 1961, p. 78.

는 경지에 도달할 수 있다고 믿게 만든 것이 아닐까? 정신건강과 도덕적 완결을 위해 인간에게 정말로 필요한 긴장의 자기장은 반대편 극의 객관성이 담보되지 않는 한, 그리고 의미를 성취해야하는 인간 존재에 의해 그 의미의 초주관성이 경험되지 않는 한 성립될 수 없다.

어떤 사람이 이런 초주관성을 경험했는가 하는 것은 그가 이 경험을 어떤 형태로 얘기하느냐에서 분명하게 드러난다. 그가 어떤 세뇌작용이나 미리 예견된 해석으로 인해 불구자가 되지 않은 이상 의미는 주어지는 것이 아니라 찾는 것이라고 말할 것이다. 그런가 하면 그런 경험을 아무런 편견 없이, 경험적인 방식으로 묘사하는 현상학적 분석 역시 정말로 의미가 주어지는 것이 아니라 발견되는 것이라는 사실을 우리에게 보여 준다. 설사 주어진다 해도 그냥 아무런 근거 없이 주어지는 것이 아니라 어떤 질문에 해답을 내리는 방식으로 주어질 것이다. 각각의 질문에는 그에 해당하는 단 하나의 답, 그에 딱 맞는 하나의 답만이 존재한다. 각각의 상황에는 오로지 하나의 의미만 있을 뿐이며, 이것이 바로 그것의 진정한 의미이다.

미국에서 순회강연을 하는 중에 한번은 청중들에게 내 대답을 듣고 싶은 질문을 종이에 인쇄체로 써서 나에게 달라고 한 적이 있다. 그런데 질문지를 걷어온 한 신학자가 나에게 넌지시 말했다. "그 중에 한 개는 그냥 지나치셔도 좋을 겁니다. 완전히 넌

센스같은 질문이거든요. 글쎄 박사님의 이론 중에 600을 어떻게 정의하느냐는 질문이 어디 있을 수 있습니까?" 하지만 내가 직접 질문지를 읽어 보니 이렇게 적혀 있는 것이 아닌가. "박사님의 실존 이론에서 신을 어떻게 정의할 수 있습니까?" 인쇄체로 쓰여진 글자 '신(GOD)' 과 '600' 은 서로 구분하기가 힘들었다. 이것이 비의도적인 투사 시험이 아닐까?

여하튼 그 신학자는 그것을 '600' 으로 읽었고, 정신의학자는 그것을 '신' 으로 읽었던 것이다.* 하지만 그 질문을 읽는 단 하나의 방법만이 올바른 방법이다. 오로지 한 가지 방법만이 그것을 질문했던 사람이 의도했던 것이다. 이것을 통해 의미가 무엇인가에 대한 정의를 내릴 수 있다.

의미란 나에게 질문을 던졌던 어떤 사람에 의해서, 그런 질문을 수반하고 대답을 요구하는 상황에 의해서 그렇게 되도록 운명지어져 있는 바로 그것이다. 나는 미국 사람들이 "우리나라가 옳은가, 그른가?"라고 질문하는 것처럼 "내 대답이 옳으냐, 그르냐?" 말할 수가 없다. 나는 내가 받은 질문의 진정한 의미를 찾기 위해 열심히 노력해야만 한다.

삶이 자기에게 걸어오는 질문에 어떤 종류의 해답을 내릴 것

---

*그 후에 나는 이 질문을 슬라이드로 복사를 해서 빈 대학에 다니는 미국 학생들에게 보여 주었다. 그런데 믿기지 않겠지만 9명의 학생이 이것을 '600' 으로 그리고 다른 9명이 '신' 으로 읽었으며, 4명은 둘 사이에서 결정을 내리지 못하고 망설였다.

인가 하는 것은 전적으로 인간의 자유 의지에 달려 있는 것은 분명한 사실이다. 하지만 이런 자유가 근거 없는 제멋대로의 자유와 혼동되어서는 안 된다. 그것은 책임감의 견지에서 해석되어야 한다. 인간은 어떤 상황에서 올바른 해답을 내려야 할 책임이 있으며, 그 상황의 진정한 의미를 찾아야 할 책임이 있다. 그리고 의미는 주어지는 것이 아니라 찾아지는 것이다. 만들어지는 것이 아니라 발견된다는 말이다.

크럼보우와 마홀릭*은 어떤 상황에서 의미를 발견한다는 것은 형태지각Gestalt pergeption과 관련이 있다고 지적했다. 형태학자인 베르타이머도 이를 뒷받침하는 말을 했다.

"7 더하기 7은, 이 상황은 공백, 즉 빈 칸이 있는 체계를 의미한다. 그 빈칸은 여러 가지 방식으로 메울 수 있다. 이 상황에 맞는, 빈 칸에 맞는 하나의 해답, 즉 14가 전체적인 기능에 있어서 이 체계가, 이 장소가 구조적으로 요구하는 해답이다. 이것이 이 상황에 맞는 답이다. 다른 해답은, 예를 들자면 15 같은 것은 여기에 맞지 않는다. 그것은 옳은 해답이 아니다. 바로 이 시점에서 상황의 요구, 즉

---

* James C. Crumbaugh and Leonard T. Maholick, 〈The Case For Frankl's 'Will to Meaning'〉, 《Journal of Existential Psychiatry》 4 : 43, 1963.
** M. Wertheimer, 〈Some Problems in Theory of Ethnics〉, 《Documents of Gestalt Psychology》, edited by M. Henle, University of California Press, Berkeley, 1961.

'요구됨' 이라는 개념이 대두된다. 그런 질서에서 '필요조건' 은 객관적인 성격을 띠고 있다."**

나는 앞에서 의미가 제멋대로 주어지는 것이 아니라 책임 있게 찾아져야 한다는 말을 했다. 여기에 덧붙여서 그것이 인간으로서의 이성적인 판단력을 가지고 찾아야 한다는 말을 하고 싶다. 실제로 인간은 의미를 추구하는 데에 있어서 판단력의 인도를 받는다. 판단력이란 어떤 상황에서 의미를 찾아내는 인간의 직관적인 능력이라고 정의할 수 있다. 이 의미는 유일한 것이기 때문에 일반적인 법칙으로 전락하지 않으며, 판단력과 같은 직관력이 의미 형태를 파악하는 유일한 방법인 것이다.

판단력은 창조적인 능력이기도 하다. 때로 인간의 판단력은 그가 속해 있는 사회, 즉 그 사회 구성원이 원하는 것과는 모순되는 행동을 하도록 그 사람에게 명령을 내리기도 한다. 이 사람들이 동족을 잡아먹는 사람들로 구성되어 있다고 해 보자. 어떤 주어진 상황에서 한 사람의 창조적인 판단력이 적을 죽이는 것보다는 살리는 것이 보다 의미 있는 일이라는 사실을 발견할 수도 있다. 이런 식으로 그의 판단력이 혁명을 시작할 수도 있으며, 그런 과정에서 처음에는 개별적인 의미였던 것이 보편적인 가치가 될 수도 있는 것이다. "살인하지 말라." 오늘의 개별적인 의미가 내일의 보편적 가치가 된다. 바로 이렇게 해서 종교가 만들어지고 가치가 개발되는 것이다.

    판단력은 또한 일반적으로 통용되는 가치와 모순되는 개별적인 의미를 발견하는 능력을 가지고 있기도 하다. 앞에 얘기한 계명 다음에는 다음과 같은 계명이 나온다. "간음하지 말라." 이 얘기를 하니까 아우슈비츠에 아내와 함께 들어온 한 남자의 이야기가 생각난다. 그가 풀려나고 나서 나중에 들은 얘기인데, 아우슈비츠에 들어와서 부부가 서로 헤어지게 되었는데, 그때 아내에게 제발 살아남으라고 간청하고 싶은 강한 충동을 갑자기 느꼈다는 것이다. "무슨 수를 써서라도… 당신 무슨 뜻인지 알지? 어떻게 해서라도 살아남아야 해." 아내는 남편이 무슨 말을 하는지 알고 있었다. 그녀는 예뻤고 그리고 얼마 안 있어 나치 친위대원들을 상대로 매춘 행위를 해서 목숨을 건질 기회가 올 수도 있었다. 그리고 그런 상황이 닥쳐 왔을 때를 대비해 남편이 아내에게 미리 면죄부를 주기를 원했던 것이다. 마지막 순간에 판단력이 그로 하여금 아내를 "간음하지 말라"고 하는 십계명의 규율로부터 면제해 주라고 종용하고 명령했던 것이다.

    아주 특별한 상황에서 – 이것은 정말로 특별한 상황이다. 특별한 의미가 결혼생활에 있어서의 믿음이라고 하는 보편적인 가치를 버리고, 십계명 중 하나를 범하도록 했던 것이다. 이것이 또 다른 십계명, 즉 "살인하지 말라"를 지키는 유일한 방법인 것은 분명하다. 그녀에게 면죄부를 주지 않으면 그 역시 그녀의 죽음에

공범자가 될 수 있기 때문이다.

오늘날 우리는 전통이 붕괴되고 사라지는 시대에 살고 있다. 그래서 유일한 의미를 발견함으로써 새로운 가치가 만들어지는 대신에 그 반대의 현상이 일어나고 있다. 보편적인 가치가 쇠퇴하기 시작했다. 점점 더 많은 사람들이 삶의 목적 없음과 공허감, 즉 실존적 공허라는 감정에 사로잡혀 있는 것도 바로 이 때문이다. 그러나 비록 보편적인 가치가 사라졌어도 삶은 여전히 의미 있는 것으로 남아 있다. 왜냐하면 개별적인 의미는 전통의 손실에 저촉을 받지 않고 그대로 남아 있기 때문이다. 가치가 없는 시대에 의미를 발견하기 위해서 인간이 충분한 판단력을 갖추고 있어야 하는 것은 분명한 사실이다. 우리 시대와 같은 시대, 즉 실존적 공허의 시대에 있어서 교육의 가장 중요한 임무가 전통과 지식을 단순히 전달하는 데에 만족하지 않고 인간으로 하여금 개별적인 의미를 발견할 수 있는 능력을 키워 주는 데에 있었다.

오늘날의 교육은 전통을 계승해 나갈 여유가 없다. 그보다는 어떤 상황에 대해 개별적이고 올바른 결정을 내리는 능력을 키워 주어야 한다. 인간은 자기 삶을 구성하고 있는 수없이 많은 개별적인 상황에서 나오는 수없이 많은 개별적인 명령에 귀를 기울이는 법을 그 어느 때보다 많이 배워야 한다. 이런 명령을 내릴 때 인간은 자신의 판단력을 참고하고 의지해야 한다. 생기 발랄한 판단력은 인간으로 하여금 실존적 공허, 즉 순응주의와 전체주의의 영향에 대항할 수 있도록 해주는 유일한 무기이다.

우리는 여러 가지 면에서 풍요의 시대에 살고 있다. 대중매체들이 수없이 많은 자극들을 우리에게 퍼붓고 있으며, 우리는 그것을 여과시킴으로써 우리를 그것들로부터 보호해야 한다. 우리 앞에는 여러 가지 가능성이 놓여 있으며, 우리는 그 중에서 선택을 해야 한다. 요약해서 말하자면 우리는 중요한 것과 그렇지 않은 것 사이에서 어떤 결정을 내려야 한다.

우리는 또한 피임약의 시대에 살고 있다. 우리는 유례없이 많은 가능성 앞에 노출되어 있으며, 상대를 가리지 않는 난잡한 성행위에 침몰하고 몰두하기를 원하지 않는 한 취사 선택을 해야 한다. 선택은 책임감이 바탕이 되어야 한다. 말하자면 판단력의 인도 아래에서 내려진 결정을 의미하는 것이다.

진정한 판단력은 '초자아적인 가짜 도덕성'이라는 개념과는 아무런 관련이 없는 것이다. 또한 진정한 판단력은 하나의 조절 과정으로 치부될 수도 없다. 판단력은 전적으로 인간적인 현상이다. 그러나 여기서 우리가 추가해야 할 것은 그것이 '그저' 인간적인 현상일 뿐이라는 사실이다. 판단력은 인간의 유한성이라는 본성을 드러낸다는 점에서 인간적인 조건에 속한다. 사람이 의미를 찾아가는 과정에서 오로지 판단력의 안내만을 받는 것이 아니기 때문에 때로는 사람이 그것에 의해 잘못 인도되기도 한다. 그가 완벽한 사람이 아닌 이상 이런 잘못된 판단을 받아들일 수도 있는 것이다.

인간이 자유로운 존재이자 책임감 있는 존재인 것은 사실이다. 하지만 그 자유는 유한한 것이다. 인간의 자유는 전지전능한 힘이 아니다. 인간의 지혜 역시 전지전능한 것이 아니며, 이것은 인식이나 판단력에도 해당되는 말이다. 사람들은 어떤 사람에게 주어진 의미가 진정한 것인지 아닌지 절대로 알 수 없다. 그리고 임종의 순간에도 모를 것이다. 에밀 뒤 봐 레이몽이 얘기한 것과 같이 현재도 모르고 앞으로도 계속 모를 것이다.

그러나 만약 인간이 그 자신의 인간다움과 모순되지 않는다면, 잘못을 저지를 가능성이 있다는 것을 알면서도 무조건 자기 자신의 판단력에 따라야 한다. 나는 실수를 저지를 가능성이 있기 때문에 노력할 필요가 없다고 생각하지는 않는다. 고든 W. 알포트가 얘기했듯이 "우리는 반신반의하는 동시에 전심전력할 수도 있다."*

내 판단력이 틀릴 가능성은 곧 다른 사람의 판단력이 옳을 가능성을 내포하고 있다. 이것이 겸양과 중용을 가져온다. 내가 의미를 찾으려면 의미가 있다는 것을 확신해야 한다. 반대로 내가 그것을 찾을 수 있을 것이라는 확신이 없으면 나는 관대해야 한

---

* Gordon W. Allport, 〈Psychological Models for Guidance〉, 《Harvard Educational Review》 32 : 373, 1962.

다. 이것은 결코 무관심주의와 같은 것이 아니다. 관대해진다는 것이 다른 사람과 믿음을 공유한다는 것을 의미하는 것은 아니다. 다른 사람이 그 사람의 판단력을 믿고, 그것에 따를 권리를 인정한다는 것을 의미한다.

    이 말에 이어 정신치료사들이 환자에게 어떤 가치를 부과해서는 안 된다는 말이 나오게 된다. 환자는 그 자신의 판단력에 맡겨져야 한다. 만약 히틀러의 경우에도 이런 중립성을 지켜야 하느냐는 질문을 받는다면(실제로 나는 이런 질문을 수시로 받고 있다) 나는 그렇다고 대답한다. 왜냐하면 만약 히틀러가 자신 안에 있는 판단력의 소리를 억누르지 않았다면 결코 그와 같은 사람이 될 수 없었을 것이라고 생각하기 때문이다.

    하지만 위급한 경우에는 정신치료사가 이런 중립성에 지나치게 매달릴 필요가 없다는 점도 얘기하고 넘어가야 할 것 같다. 자살을 할 위험에 직면했을 때에는 중재를 하는 것이 옳은 일이다. 왜냐하면 오로지 잘못된 판단력만이 인간에게 자살을 하도록 명령하기 때문이다. 이 말은 또한 오로지 잘못된 판단력만이 인간으로 하여금 사람을 죽이거나(다시 한 번 히틀러 경우를 예로 들자면) 대량 학살을 하도록 명령한다는 나의 믿음과 평행선을 이루는 것이다. 이런 가설을 차치하고라도, 히포크라테스 선서 자체가 의사로 하여금 환자가 자살하는 것을 막도록 하고 있다. 나는 개인적으로 그 동안 자살을 시도한 환자를 치료해야 할 때마다 삶에 대해 긍정적인 세계관 Weltanschauung을 갖도록 그를 지도한 책임이 있다는 사실을 기꺼이 인정한다.

그러나 원칙적으로 정신과 의사는 환자에게 어떤 세계관을 심어 주지 않는다. 로고테라피 치료 의사도 예외는 아니다. 어느 로고테라피 치료 의사도 자기가 해답을 갖고 있다고 주장하지 않는다. 여자에게 "당신은 선악을 구별하는 신처럼 될 것입니다"라고 말하는 사람은 '뱀'이지 '로고테라피 치료 의사'가 아니다. 로고테라피 치료 의사는 어떤 것이 가치이며 어떤 것이 아닌지, 어느 것에 의미가 있으며 어느 것은 아닌지, 어떤 것이 상식적이며 어떤 것이 아닌지 알고 있는 것처럼 하지 않는다.

레들리히와 프리드만*은 로고테라피를 환자의 삶에 의미를 부여하려는 시도로 간단히 치부해 버렸다. 하지만 실제로는 이 말을 거꾸로 한 것이 맞는 것이다. 그 동안 나는 의미란 주어지는 것이 아니라 발견하는 것이라는 말을 누누이 해왔다. 최소한 의사에 의해 주어지는 것은 아니라는 말이다.** 환자가 자발적으로 의미를 찾아야 한다. 로고테라피는 지시를 내리지 않는다. 이것을 그

---

* F. C Redlich and Daniel X. Freedman, 《The Theory and Practice of Psychiatry》, Black Books, New York, 1966.
** Viktor E. Frankl, 〈The Concept of Man in Logotherapy〉, 《Journal of Existentialism》 6 : 53, 1965.
Viktor E. Frankl, 〈Logotherapy and Existential Analysis-A Review〉, 《American Journal of Psychotherapy》 20 : 252, 1966.

동안 수차례 분명히 얘기했음에도 불구하고 로고테라피는 '의미와 목적을 부여한다'는 비난을 수시로 받는다. 환자의 성생활과 관련이 깊은 프로이트의 정신분석을 두고 환자에게 여자를 제공해 주었다고 비난하는 사람은 한 명도 없다. 환자의 사회생활과 관련이 깊은 아들러 학파의 정신의학을 두고 환자에게 직업을 주었다고 비난하는 사람은 한 명도 없다. 그런데 어째서 환자의 실존적 열망과 좌절과 깊은 관련을 가지고 있는 로고테라피가 유독 '의미를 부여한 것'에 대해 책임을 져야 하는 것일까?

로고테라피에 대한 이런 공공연한 비난은 다음과 같은 사실이 앞에서 보다 이해할 수 없는 것이 된다. 말하자면 로고테라피에서 의미의 '발견'은 noogenic 신경증에만 국한되는 문제로 우리 병원과 진료실에서 발견되는 사례의 약 20퍼센트 정도를 차지하고 있다는 사실이다. 그리고 심인성 신경증을 치료하기 위해 로고테라피가 특별히 개발한 역설 의도 기법에서는 의미의 문제나 가치 갈등과 같은 문제가 전혀 포함되지 않는다.

국제 정신분석 저널에 실린 말을 또 다시 인용한다면 "도덕적이고 윤리적인 행위와 관련해 사람들에게 영향을 준다는 점에서 도덕주의자인 의사는" 로고테라피적 치료법을 따르는 의사가

---

* F. Gordon Pleune, 〈All Dis-Ease Is Not Disease : A Consideration of Psycho-Analysis, Psychotherapy, and Psycho-Social Engineering〉, 《International Journal of Psycho-Analysis》 46 : 358, 1965. 《Digest of Neurology and Psychiatry》 34 : 148, 1966에서 인용.

아니라 오히려 정신분석을 따르는 의사이다.* 나는 이기주의나 이타주의와 같은 도덕적 이분법은 진부한 것이라고 생각한다. 이기주의자는 다른 사람을 오로지 주시함으로써 이익을 얻을 수 있고, 반대로 이타주의자는 – 바로 그 다른 사람들을 위해서 – 항상 자신에게 신경을 써야만 하는 사람이다. 나는 도덕적인 접근이 결국에는 존재론적인 접근에 길을 열어 주게 될 것이라고 확신한다. 그런 접근법은 의미를 성취할 수 있도록 도와 주는 것이나 혹은 방해하는 것이라는 견지에서 선과 악을 정의하려고 한다. 그 의미가 그 사람 자신의 것인지 아니면 다른 사람의 것인지는 상관이 없다는 말이다.

로고테라피 치료 의사들이 성취해야 할 의미가 있다고 믿고 있으며, 또한 필요할 경우 환자들에게 그렇다고 설득하고 있는 것은 사실이다. 그러나 우리는 그 의미가 무엇인지 알고 있는 척 하지는 않는다. 바로 이 시점에서 독자들이 로고테라피의 제3의 원리를 다룰 시점에 와 있다는 것을 알아차렸을 것이다. 제3의 원리란 의지의 자유와 함께 의미, 즉 삶의 의미를 찾으려는 의지를 말한다. 다른 말로 하자면 우리가 주장하는 것은 삶의 의미 – 인간이 찾으려고 노력해 왔던 바로 그 의미가 있다는 것과 인간에게는 이 의미를 성취하기 위한 여정을 시작할 자유가 있다는 것이다.

그러나 어떤 근거에서 인생이 어떤 상황에서도 의미 있는 것이며, 또 언제까지나 의미 있는 것으로 남을 것이라는 가정이 옳다고 주장하는 것일까? 내가 마음 속에 품고 있는 근거는 도덕적인 것이라기보다는 넓은 의미에서 경험적인 것이라 할 수 있다. 우리는 보통 사람이 실제로 의미와 가치를 경험하는 방식 쪽으로 관심을 돌려서 이것을 전문적인 용어로 바꾸어 놓을 필요가 있다. 이런 작업은 소위 현상학에서 해야 하는 것이 분명하다.

한편 이와는 반대로 우리가 배운 것을 평범한 언어로 재번역하는 것이 로고테라피의 임무이며, 그렇게 해서 우리는 환자들에게 어떻게 하면 삶에서 의미를 찾을 수 있는지를 가르칠 수 있다. 이 작업이 환자들과 함께 공공연하게 철학적인 토론을 벌이는 것이라고 생각해서는 안 된다. 환자에게 삶이란 것이 무조건적으로 의미 있는 것이라는 사실을 이해시킬 수 있는 또 다른 통로가 있다. 뉴 올리언스 대학에서 대중을 대상으로 초청 강연을 한 후에 있었던 일이 생각난다. 어떤 남자가 나와 악수를 나누고, 감사의 말을 하기 위해 나에게 다가왔다. 그는 그야말로 평범한 사람이었다. 11년 동안 수감생활을 했던 경험이 있는 도로건설 노동자였다. 감옥에 있는 동안 그를 지탱해 준 유일한 것이 감옥의 도서관에서 발견한 《죽음의 수용소에서》라는 나의 책이었다고 한다. 그런 의미에서 로고테라피는 단순히 지적인 능력과 관련된 문제가 아니라고 할 수 있다.

로고테라피 치료 의사는 도덕주의자도 아니고 지식인도 아니다. 그의 작업은 경험적인, 즉 현상학적인 분석에 기초하고 있는

데, 한 평범한 사람이 가치를 매기는 과정이라는 경험을 현상학적으로 분석한 것을 보면, 인간은 작품을 만들거나 어떤 일을 함으로써 혹은 선과 진실과 아름다움을 경험함으로써, 자연과 문화를 체험함으로써, 혹은 이것은 마지막이지만 가장 중요한 것인데 인간 존재의 바로 그 유일성 안에서 또 다른 유일한 존재와 만남으로써, 즉 그 사람을 사랑함으로써 삶의 의미를 찾을 수 있다는 사실을 보여 주고 있다. 그러나 가장 고귀한 의미의 진가는 행동이나 일이나 사랑 안에서 의미를 찾을 기회를 박탈당한 사람들, 이런 곤경에 대해 그들이 취하는 태도를 통해서만 그것을 극복하고 자신을 넘어설 수 있는 사람들을 위해 남겨져 있다. 문제가 되는 것은 그들이 선택한 입장이다. 이것이 그들의 곤경을 성취와 승리와 영웅적인 행위로 바꾸어 놓는다.

만약 누군가 이런 상황에서 가치의 문제에 대해 얘기하기를 원한다면 그는 가치의 세 가지 주요 유형을 발견할 수 있을 것이다. 나는 그것을 창조적 가치, 경험적 가치, 태도적 가치라고 부르고 싶다. 이것은 인간의 삶에서 의미를 발견할 수 있는 세 가지 중요한 방법을 반영하고 있다.

첫번째 것은 인간의 창의성이라는 견지에서 인간이 세상에 부여하는 것을 말한다. 두번째 것은 만남과 경험이라는 견지에서 인간이 세상으로부터 취하는 것을 말한다. 세번째 것은 인간이 피할 수 없는 운명에 마주치게 되었을 때 곤경을 대하는 인간의 태도를 의미하는데, 바로 이 때문에 인생이 어떤 상황에서도 의미를 갖는다는 말을 할 수 있는 것이다. 왜냐하면 창조적인 가치와 경험적인 가치를 박탈당한 사람에게도 여전히 성취해야 할 의미, 즉 그것의 고유한 의미, 시련을 올바른 방법으로 견디는 의미를 성취해야 한다는 도전이 남아 있기 때문이다.

구체적인 예를 들어 설명하기 위해 얼 A. 그롤맨이라는 랍비의 이야기를 해 보겠다. 어느 날 이 랍비가 불치병으로 죽어가고 있는 한 여자의 전화를 받았다. "죽음에 대한 생각과 현실을 어떻게 대처해 나갈 수 있을까요?" 그녀가 물었다. 그때의 상황을 랍비는 다음과 같이 말하고 있다.

"우리는 수없이 많은 사례에 대해 이야기를 나누었고, 랍비로서 저는 우리 믿음 안에 있는 수없이 많은 불멸의 개념에 대해 소개해 주었습니다. 그리고 이에 추가해서 프랭클 박사의 태도적 가치에 대해서도 얘기해 주었습니다. 신학적인 토론들이 그녀에게 별다른 인상을 주지 못한 반면에 태도적 가치는 그녀의 호기심을 불러 일으켰습니다.

특히 이 개념을 창시한 사람이 한때 강제수용소에 감금된 적이 있는 정신과 의사라는 사실을 알았을 때 더욱 그랬습니다. 이 사람과 그의 가르침이 그녀의 상상력을 사로잡았습니다. 왜냐하면 그는 시련을 이론적으로 적용하는 것 이상의 것을 알고 있었기 때문입니다. 그때 그녀는 만약 자기가 불가피한 시련을 피할 수 없다면 자기 병을 대하는 태도와 방식을 선택해야겠다고 결심했습니다. 그녀는 고통으로 가슴 아파하고 있는 주변 사람들에게 커다란 위안이 되었습니다.

처음에 그것은 일종의 '위세'와 같은 것이었습니다. 그러나 시간이 지나면서 그 행동이 목적을 갖게 되었습니다. 그녀는 나에게 이렇게 털어 놓았습니다. '어쩌면 나의 고독한 불멸의 연기가 내가 고통을 대하는 방법일지도 모릅니다. 통증이 때로는 견딜 수 없을 정도이지만 저는 그 이전까지 한 번도 경험하지 못했던 내면의 평화와 만족을 얻게 되었습니다.' 그녀는 품위 있게 죽음을 맞이했고, 우리 공동체에서 불굴의 의지를 지닌 사람으로 기억되고 있습니다."

이 문제와 관련해 나는 로고테라피와 신학과의 관계에 대해 상세하게 얘기하고 싶은 생각은 없다.* 이 주제는 이 책의 마지막 장을 위해서 남겨두기로 한다. 태도적 가치라는 개념은 원칙적으로 인생의 종교적 철학을 신봉하든 그렇지 않든 누구나 지지할 수 있는 개념이라는 말로 충분할 것 같다. 태도적 가치의 개념은 도

---

* Orlo Strunk, 〈Religious Maturity and Viktor E. Frankl〉, 《Mature Religion》, Abingdon Press, New York, 1965.

Earl A. Grollman, 〈Viktor E. Frankl : A Bridge Between Psychiatry and Religion〉, 《Conservative Judaism》 19 : 19, 1964.

D. Swan Haworth, 〈Viktor Frankl〉, 《Judaism》 14 : 351, 1965.

덕적이고 윤리적인 규범에서 나오는 것이 아니다.

그보다는 오히려 인간이 자신의 행동이나 다른 사람의 행동에 대해 가치를 매길 때마다 마음 속에 일어나고 있는 것에 대한 경험적이고 사실적인 묘사에서 비롯된 것이다. 로고테라피는 가치로서 사실에 대한 판단에 기반을 두고 있기보다는 사실로서 가치에 대한 언급에 기반을 두고 있다고 할 수 있다. 평범한 보통 사람들이 단지 성공한 사람들, 아주 대단히 성공한 사람일지라도(사업가가 돈을 많이 벌었다든지 바람둥이가 사랑을 했다든지) 그런 사람보다는(그롤만이라는 랍비의 말을 인용하면) '불굴의 용기'로 자신의 십자가를 진 사람들을 더 높이 평가하는 것은 사실이다.

여기서 그 운명이 '피할 수 없는 것'이라는 점을 강조하고 싶다. 치유할 수 있는 병, 예를 들어 수술이 가능한 암 같은 병을 시련으로 받아들이는 것은 아무런 의미도 갖지 못한다. 그것은 영웅적이라기보다는 자학적인 것이라 할 수 있다. 비교적 덜 추상적인 예를 통해 이 문제를 조명해 보기로 하자. 언젠가 우연히 다음과 같은 선전 문구를 본 적이 있는데, 내 친구 요제프 패브리가 영어로 번역한 바에 따르면 다음과 같다.

차분히 견딜지어다. 소란 피우지 말고
그것이 그대에게 주어진 운명이거늘.
하지만 빈대는 포기하지 말지어다.

고개를 돌려 로젠슈타인에게 도움을 청할지니.

독일어로 출간된 나의 저서 《Homo patiens(병고의 인간)》에 대한 서평*에서 리하르트 트라우트만이 한 말은 전적으로 지당한 말이라고 할 수 있다.

"고통은 무슨 수를 써서라도, 어떤 대가를 치르고라도 제거해야 할 그 무엇이다."

하지만 우리는 그가 의학박사로서 때로는 인간이 피할 수 없는 운명과 대면할 때도 있다는 것을, 인간은 조만간 죽을 수밖에 없는 존재이며 그렇게 되기 전에 시련을 겪어야 하는 존재라는 것을 알고 있다는 사실을 기억해야 한다. 진보주의와 과학주의가 그렇게 숭배하고 있는 과학이 발전했음에도 불구하고 말이다. 이런 실존적인 '삶의 진실' 앞에 눈을 감는다는 것은 신경증 환자의 도피성을 더욱 부추긴다는 것을 의미한다. 시련을 될 수 있는 대로 피하는 것은 바람직한 일이다. 하지만 피할 수 없는 시련에 대해서는 어떻게 해야 할까? 로고테라피에서는 고통은 피할 수 있는 만큼 피해야 한다고 가르친다. 하지만 그 고통스러운 운명이 바뀔

---

* Viktor E. Frankl, 《Homo patiens : Versuch einer Pathodizee》, Franz Deutcke, Wien, 1950.

수 없는 순간에는 그것을 받아들여야 할 뿐만 아니라 그것을 의미 있는 어떤 것, 어떤 성취로 바꾸어 놓아야 한다. 나는 이런 접근법이 트라우트만이 주장한 대로 실제로 "자기 파괴적인 순응주의로 가는 퇴보적인 성향"인지 의심하지 않을 수 없다.

어떤 의미에서 태도적 가치의 개념은 시련 속에서 발견되는 의미보다 더 넓은 의미를 갖고 있다고 할 수 있다. 시련은 내가 얘기한 인간 존재의 삼대 비극적 요소 중 하나에 불과할 뿐이다. 이 삼대 요소는 고통과 죄, 죽음으로 이루어져 있다. 인간 중에서 자기는 실패한 적이 없으며, 시련을 당하지 않고, 죽지 않을 것이라고 얘기할 수 있는 사람은 아무도 없을 것이다.

여기서 독자들은 이제 세번째 3요소를 소개할 때가 되었다는 것을 알아차렸을 것이다. 첫번째 3요소는 자유 의지와 의미를 찾으려는 의지, 그리고 삶의 의미로 이루어져 있다. 삶의 의미는 두번째 3요소, 즉 창조적인 가치와 경험적인 가치 그리고 태도적인 가치로 구성되어 있다. 그리고 태도적인 가치는 세번째 3요소, 즉 고통과 죄와 죽음에 대한 의미 있는 태도로 세분된다.

삶의 3대 '비극 요소'에 대해서 얘기하는 것을 보고 로고테라피가 실존주의만큼이나 염세주의적이라고 생각하는 독자들이 있어서는 안 되겠다. 로고테라피는 오히려 인생에 대한 낙관적인 접근법이다. 왜냐하면 로고테라피는 인간이 그것에 대해 취하는 입장에 따라 긍정적인 성취로 바꾸는 것이 불가능한 비극적이고 부정적인 요소는 우리 삶에 없다고 가르치기 때문이다.

그러나 인간이 각자 시련을 선택하거나 죄를 선택하는 태도에는 차이가 있다. 시련의 경우에 있어서, 인간은 실제로 자기 운명에 대해 어떤 입장을 취한다. 그렇지 않으면 시련이 의미를 가질 수 없다. 하지만 죄의 경우에 있어서, 인간이 취하는 입장은 자기 자신에 대한 입장이다. 여기서 무엇보다 중요한 것은 운명은 바뀔 수 없다는 사실이다. 바뀔 수 있다면 그것은 이미 운명이 아니다. 하지만 인간은 자신을 바꿀 수는 있다. 그렇지 않다면 그는 인간이 아니다. 자신을 만들고, 또다시 만들 수 있는 능력은 인간으로 존재하는 것의 특권이며, 인간 존재의 구성 요소이기도 하다. 다른 말로 하자면 죄책감을 느끼는 것과, 죄를 극복할 책임은 인간만이 지니고 있는 특권이라는 말이다. 산 쿠엔틴 뉴스의 편집자가 나에게 보낸 편지에 "인간은 변화를 경험할 수 있다"고 적은 것처럼 말이다. 그런 변화에 대해 막스 쉘러처럼 심오한 현상학적 분석을 한 사람도 없을 것이다.

그는 자기 책*에서, 보다 구체적으로 얘기하자면 이 책의 '회한과 재탄생'이라는 장에서 이에 대해 분석했다. 막스 쉘러도 지적했듯이 인간은 죄를 지을 권리와 벌을 받을 권리를 갖고 있다. 우리가 인간을 환경과 그 영향의 희생물로 취급한다면 이것은 인

---

* Max Scheler, 《On the Enternal in Man》, Harper & Brothers, New York, 1960.

간을 더 이상 인간 존재로 취급하지 않는 것을 의미할 뿐만 아니라 변화하려는 인간의 의지를 절름발이로 만드는 것과 같은 것이라 할 수 있다.

인간 존재가 갖고 있는 3대 비극 요소 중 세번째 것, 즉 삶의 무상함으로 돌아가 보자. 일반적으로 인간은 무상함이라는 그루터기만 남은 밭만 보고 곡물들로 꽉 들어찬 과거라는 창고는 그냥 보아 넘긴다. 과거라는 시간 속에서는 회복할 수 없을 정도로 잃을 것이 없고, 모든 것이 회복할 수 없는 상태로 보존되고 저장되며, 안전하게 전달되고, 축적된다. 어느 것도, 어느 누구도, 우리가 과거라는 시간 속에 구출해 놓은 것들을 우리에게서 빼앗아갈 수 없다. 우리가 이미 해 놓은 일이 해 놓지 않은 일이 될 수는 없는 것이다. 이것이 인간의 책임에 부가된다. 왜냐하면 삶의 무상함 앞에서 자기 잠재력을 실현시키고, 창조적이고, 경험적이고, 태도적인 가치를 실현하기 위해 지나가는 기회들을 이용해야 할 책임이 있기 때문이다.

다른 말로 하자면 인간은 무슨 일을 하고, 누구를 사랑하고, 시련을 어떻게 견뎌야 하는가에 대해 책임을 져야 한다는 것이다. 인간이 일단 가치를 실현시키면, 일단 의미를 성취시키고 나면, 그것은 단번에 영원히 그것을 성취한 것이 된다.

그러나 이제 길거리를 지나가는 평범한 사람과 사업가의 애기로 돌아가 보자. 평범한 사람은 사업가의 성공을 자신의 고난을 하나의 성취로 변화시키는 데에 성공한 사람과 비교해서 '차원적으로' 낮은 것이라고 평가한다. 앞에서 간단히 얘기한 것과 같이 '차원적인' 인간론은 우리가 어떤 것이 높은 것이고, 어떤 것이 낮은 것을 의미한다는 것을 이해할 수 있도록 도와 줄 것이다.

매일 매일의 삶에서 인간은 대체로 양극은 성공, 음극은 실패라는 차원 안에서 살아가고, 움직이고 있다. 이것은 유능한 인간과, 영리한 동물, 그리고 호모 사피엔스의 차원이다. 그러나 고통받고 있는 인간인 호모 파티언스는, 인간다움 덕분에 시련을 뛰어넘어 그것에 대한 태도를 취할 수 있는 인간은, 전자와는 수직을 이루는 차원으로 옮겨간다. 말하자면 양극이 성취이고, 음극이 절망으로 간다는 말이다.

인간이라는 존재는 성공을 갈구한다. 그러나 필요한 경우에는 이렇게 성공을 좌지우지하는 운명으로부터 독립할 수도 있다. 인간 존재는 그가 어떤 태도를 취하느냐에 따라 전혀 희망이 없는 상황에서도 의미를 발견하고 성취할 수 있다. 이것은 오직 우리의 차원적 접근법을 통해서만 이해될 수 있는데, 여기서는 태도적 가치를 창조적 가치와 경험적 가치보다 높은 곳에 놓고 있다. 태도적 가치가 가장 높은 가치이다. 시련의 의미 - 이것은 물론 피할 수 없는, 불가항력적인 시련을 말한다 - 는 가장 심오한 의미이다.

롤프 H. 폰 에카르츠베르크가 하버드 대학에서 하버드 졸업생들이 삶에 어느 정도 적응하고 있는가를 알아보는 연구를 했다.

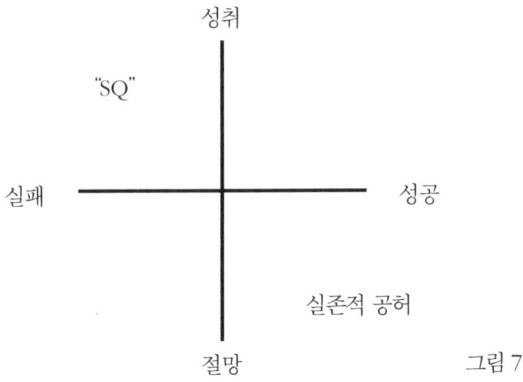

그림 7

통계를 보면 20년 전에 졸업한 100명의 연구 대상자 중에서 아주 높은 퍼센트의 사람들이 위기를 호소하고 있는 것으로 나타났다. 그들은 자기들의 삶이 무의미하다고 생각하고 있었다. 결혼생활은 물론 전문적인 직업에서 - 변호사로, 의사로, 외과의사로, 그리고 무엇보다 정신분석가로 - 크게 성공을 거두었음에도 불구하고 이런 생각을 하고 있는 것이다. 그들은 실존적 공허에 사로잡혀 있었다. 우리 표에서 보면 그들은 '성공'의 아래쪽에, 그리고 '절망'의 오른쪽에 있는 실존적 공허의 지점에 위치하고 있다. 그런데 이렇게 성공했음에도 불구하고 절망을 느끼는 현상은 두 개의 서로 다른 차원의 견지에서만 설명될 수 있다.

그런가 하면 한편으로는 실패에도 불구하고 성취라는 단어로 표현될 수 있는 현상이 있다. 그것은 위쪽의 왼편에 위치하고 있다. 이것을 산 쿠엔틴 교도소의 이름을 따서 SQ라고 표시했다. 왜냐하면 바로 이 교도소에서 삶의 의미라는 것이 글자 그대로 마지막 순간, 마지막 숨을 쉬는 순간, 죽음에 직면한 순간에도 발견될 수 있다는 내 주장을 증명해 준 남자를 만났기 때문이다.

나는 캘리포니아 주립 교도소에서 발행되는 산 쿠엔틴 뉴스의 편집자가 만나자는 초청을 받았다. 그 편집자는 자신이 산 쿠엔틴 교도소의 수감자였다. 그가 교도소 소식지에 내 책에 대한 서평을 쓴 것을 보고 교육 감독이 그에게 나를 인터뷰 하도록 하는 것이 좋겠다는 생각을 한 것이다. 이 인터뷰가 사형수들이 수감되어 있는 감방을 포함해 산 쿠엔틴의 모든 감방으로 방송되었다. 나는 나흘 후에 가스실에서 사형이 집행될 예정인 한 수감자를 위해 특별히 한 말씀해 달라는 부탁을 받았다. 내가 어떻게 이런 부탁에 대처할 수 있었을까? 그때 나는 사람들이 가스실에 갈 수밖에 없는 또 다른 상황에서 겪었던 개인적인 경험을 바탕으로 삶이 의미를 가질 수 있으며, 이럴 경우 그 의미는 살아있는 기간에 달려 있는 것이 아니라는 것과, 혹은 삶이 의미가 없을 수도 있는데, 이럴 경우 그 기간을 연장하는 것은 아무 소용이 없다는 나의 믿음을 얘기했다.

그런 다음에 나는 톨스토이의 소설 《이반 일리치의 죽음》에 대해 말했다. 이런 식으로 나는 수감자들에게 인간은 심지어 마지막 순간에도 자신을 뛰어넘어 초월해서 성장할 수 있으며, 그렇게 함으로써 이제까지 헛되이 보냈던 삶에서도 소급해서 의미를 찾을 수 있다는 사실을 알려 주려고 했다. 믿기지 않겠지만 이런 나의 메시지가 수감자들에게 전달되었다. 그로부터 얼마 지난 후에 나는 캘리포니아 주립 교도소 직원이 보낸 편지를 통해 다음과 같은 사실을 알게 되었다.

"프랭클 박사의 산 쿠엔틴 방문을 다룬 산 쿠엔틴 뉴스의 기사가 남일리노이 대학이 주최한 전국 교도소 신문 잡지 경연대회에서 1등상을 차지했습니다. 그 기사는 150개가 넘는 미국의 교화기관에서 참가한 사람들로 구성된 대표자 모임에서 최고의 영예를 차지하게 되었습니다."

내가 상 탄 것을 축하한다는 편지를 보내자 편집자가 답장을 보내 왔다. "우리가 나눈 대화록을 수감자들이 돌려가며 보고 있습니다." 그리고 "지엽적으로는 다음과 같은 비난도 있습니다. 말하자면 이론은 훌륭하지만 인생이 그런 방식으로 흘러가지는 않는다는 것이지요." 이어서 그는 나에게 이렇게 털어 놓았다.

"저는 우리가 처한 현재의 상황, 우리가 당면한 곤경을 근거로 해서 삶이 정말로 이런 식으로 작동한다는 것을 보여 주는 사설을 쓸 계획입니다. 그리고 우리 교도소와 같은 그런 환경에서, 그런 깊은 절망과 무의미 속에서도 한 사람이 자기 스스로 의미 있고 소중한 인생 경험을 할 수 있었다는 사실을 그들에게 보여 줄 것입니다. 물론 그들은 이런 환경에 있는 사람이 절망을 승리로 바꾸어 놓는 변화를 경험할 수 있었다는 사실을 믿지 않을 겁니다. 저는 그들에게 그것이 가능할 뿐만 아니라 필연이라는 것도 보여 줄 겁니다."

산 쿠엔틴과 하버드의 사례에서 어떤 교훈을 찾도록 해 보자. 종신형을 선고 받았거나 가스실에서의 처형을 기다리는 사람들이 '승리' 할 수도 있으며, 반면에 폰 에카르츠베르크 교수가 살펴본 대로 성공한 사람들이 '절망' 에 빠질 수도 있다. 차원적인 인간론과 존재론의 견지에서 절망은 성공과 양립할 수 있으며, 성공이 의미의 성취와 양립할 수 있는 것처럼 죽음이나 시련과도 양립할 수 있다.

우리가 일단 이러한 성취를 본래의 차원에서 그보다 낮은 차원, 즉 성공을 중요시하는 사업가나 바람둥이의 차원에 투사시키면, 일단 우리가 시련에도 불구하고, 아니 바로 그 시련 때문에 얻은 의미의 성취를 낮은 차원으로 투사시키면 그 영상들은 차원적 인간론과 존재론의 제2법칙에 따라 여러 가지로 해석이 가능하다. 리하르트 트라우트만*의 말을 인용하면 자기 파괴적 순응에 이르는 퇴행적인 경향과 혼동될 수 있다.

두 명의 미국학자가 강제수용소 수감자의 심리에 대해 연구

---

* Rehard Trautmann, Book Review, 《American Journal of Psychotherapy》 5 : 821, 1952.

했다. 그들은 수감자들이 겪어야 하는 시련을 어떻게 해석했을까? 이런 시련의 의미가 분석적이고 역동적인 정신의학주의라는 차원에 투사되었을 때 어떻게 묘사되었을까? 그중 한 사람은 이렇게 주장했다. "수감자들은 자기도취적인 상태로 퇴행했다. 그들에게 가해진 고문은" - 수감자들이 고문으로 고통을 받았다는 사실에서 어떤 의미를 찾아낼 것을 기대하는가? 들어 보자. "그들에게 가해진 고문은 세상으로부터 거세라는 무의식적인 의미를 가지고 있었다. 수감자들을 가학이나 자학 그리고 유치한 행동을 통해 자기 자신을 방어했다." 그는 한술 더 떠서 이렇게 말한다. "나치의 대량학살에서 살아남은 사람들은 …에 대한 자신들의 분노를 삭였다." …에 대한? 그들이 자신들의 분노를 삭였던 대상이 누구인지 아는가? "학살당한 부모라는 것이다." "생존자들은 …에 대한 공격성을 떨쳐 버리려고 노력했다." 누구에 대한 공격성? "살아있는 아이들에 대한 공격성"이라는 것이다.

　물론 이런 사례들이 대표적인 것이라는 사실을 인정한다고 하더라도 시련의 의미가 순전히 분석적이고 역동적인 해석에 따라 그것을 이해하려는 시도를 통해서는 포착되지 않는 것만은 분명하다.* 프랑크푸르트 암 마임의 정신의학과 과장으로 있는 쥐르크 추트는 나치의 대량학살에서 살아남은 생존자에 대한 정신의학 분야의 조사는 믿을 수 없는 것이라는 점을 지적했다.** 왜냐하면 그 조사가 전체 대상자 중에서 특별히 선발된 집단에만 국한해서 이루어졌기 때문이다. 무엇보다도 어떤 특정한 사례에서 얻은 자료들 중에서 분석적이고 역학적인 모델에 들어맞는 것들만 선택했다는 점을 주목해야 한다. 내가 쓴 《죽음의 수용소에서》의 '경우'를 얘기하자면 이 책에서 분석적이고 역학 지향적인 서평자의 주의를 끈 것은 수감자들이 리비드 발달 단계 중의 하나인 요도기로 퇴행한 것처럼 보인다는 사실뿐이었다.

마지막으로 정신분석 이론가들이 더 잘 알고 있을 것이 분명한 한 남자의 이야기를 들어 보기로 하자. 그는 소년 시절에 아우슈비츠에 들어가서 역시 소년일 때 그곳을 나왔다. 이스라엘의 대표적인 예술가 예후다 배이컨이다. 그는 강제수용소에 풀려난 후 첫번째 시기에 겪은 그 자신의 경험을 다음과 같이 털어 놓았다.

"전쟁이 끝난 후 처음으로 내가 느낀 것을 지금도 기억하고 있습니다. 아주 커다란 관과 굉장한 음악이 울려 퍼지는 장례식을 보고 웃기 시작했던 것이지요. '미친 거 아니야? 겨우 시체 하나를 가지고 저렇게 호들갑을 떨다니.' 이렇게 생각했습니다. 음악회나 극장에

---

* F. 호킹이 말하기를 극심한 스트레스를 겪으면 성격이 변한다는 것을 정신역학적인 용어로 설명하려고 하는 것은 인간행동의 이해를 위해 기여한 프로이트의 독창적인 업적에 누를 끼치는 일이다. F. Hocking, 〈Extreme Environmental Stress and Its Significance for Psychopathology〉, 《American Journal of Psychotherapy》 24 : 4, 1970.
** Jürg Zutt, Book Review, 《Jahrbuch für Psychologie, Psychotherapie und medeginische Anthropologic》 13 : 362, 1965.

가면 나는 으레 이 정도의 사람들을 가스로 죽이려면 어느 정도의 시간이 걸릴까. 얼마나 많은 옷과, 얼마나 많은 금이빨이 남게 될까. 얼마나 많은 머리카락 자루를 만들 수 있을까. 이런 것을 계산하곤 했습니다."

바로 여기까지가 예후다 베이컨의 시련이다. 그렇다면 그 의미는 무엇이었을까?

"어린 소년인 나는 생각했습니다. 인간이 더 훌륭한 존재로 바뀔 수 있다는 희망 속에서 나는 내가 본 것을 사람들에게 말할 것이라고. 그러나 사람들은 변하지 않았고 알려고도 하지 않았습니다. 내가 시련의 진정한 의미를 깨달은 것은 그로부터 한참 시간이 지난 후였습니다. 시련이 사람을 더 나은 존재로 변화시킬 수 있을 때 그것이 의미를 가질 수 있다는 사실이었습니다."

로고테라피의 응용 2

The Will to Meaning: Foundations and Applications of Logotherapy

실존적 공허와 정신의학에의 도전

지금까지 의미와 관련된 문제를 다루었으니 이제는 이야기의 방향을 무의미함과 공허함으로 고통받고 있는 사람 쪽으로 돌려 보기로 하자. 요즘 스스로의 상태를 '내적인 공허함' inner void이라고 부르며 고통을 호소하는 환자들이 많아졌는데, 바로 이 때문에 나는 이것을 '실존적 공허' 라는 용어로 부르기로 했다. 일찍이 매슬로우는 최대한 많은 것을 경험하려고 하는 인간의 성향을 절정의 체험 peak-experience이라는 명쾌한 용어로 설명했는데, 이와 대응되는 개념으로 이런 실존적 공허의 상태를 '나락의 체험' abyss-experience이라고 할 수 있을 것이다.

나는 사람들이 실존적 공허를 느끼는 이유가 다음과 같은 사실에 기인한다고 생각한다. 첫째, 동물들과는 달리 인간에게는 '반드시' 해야 할 일을 일깨워 주는 충동과 본능이 없다는 것이다. 둘째, 과거와는 달리 인간이 '마땅히' 해야 할 바를 가르쳐 주는 인습과 전통, 가치관이 사라졌다는 것이다. 때로 인간은 자기가 진정으로 원하는 것이 무엇인지 모르고, 그 대신 다른 사람들이 하는 대로 행동하기를 원하거나 혹은 다른 사람들이 바라는 대로 행동하게 되었다. 말하자면 순응주의conformism나 전체주의totalitarianism의 희생양이 된 셈인데, 전자인 순응주의는 서양에서 후자인 전체주의는 동양에서 나타나는 대표적인 현상이다.

오늘날 실존적 공허는 증가 추세에 있을 뿐만 아니라 지역적으로도 널리 퍼져 있다. 프로이트 학파의 정신분석학자들조차 삶의 내용과 목적 없음에 고통받고 있는 환자들이 많아지고 있다는 사실을 인정하고 있다. 더 나아가 이런 현상이 나타나게 된 원인이 한도 끝도 없이 시행되는 정신분석 때문이라고 말한다.

왜냐하면 이런 환자들이 누리는 실질적으로 유일한 삶이란 것이 바로 정신과 병상에 누워 치료를 받는 것이기 때문이다. 물론 프로이트 학파의 학자들은 내가 10년도 훨씬 전에 만들어낸 '실존적 공허'라는 로고테라피의 용어를 사용하지 않는다. 뿐만 아니라 이런 증상을 치료하기 위해 로고테라피의 테크닉을 사용하지도 않는다. 다만 로고테라피라는 것이 존재한다는 사실만 인정할 뿐이다.

실존적 공허는 증가 추세에 있을 뿐만 아니라 지역적으로도 널리 퍼져 있다. 체코슬로바키아의 한 정신과 의사는 '실존적 좌절'*을 다룬 논문에서 실존적 공허가 공산주의 국가에서도 두드러지고 있다는 사실을 지적했다.

그렇다면 우리는 어떻게 실존적 공허를 극복할 수 있을까? 각각의 사람들에게 모두 자신들의 삶이 진정으로 의미가 있다는 것을 보여 주기 위해 건전한 인생 철학을 신봉해야 한다고 말하는 사람도 있을 수 있다. 이런 주장은 우리가 앞 장에서 상세하게 다루었던 태도적인 가치라는 개념에 기반을 두고 있다. 이때 우리는 전통의 붕괴가 보편적인 가치에만 영향을 미쳤으며, 개별적인 의미에는 영향을 끼치지 않았다는 점도 아울러 지적한 바 있다.

그러나 철학은 억압된 성(性)을 그럴 듯한 형태로 승화시킨 것에 불과한 것으로 간주했던 지그문트 프로이트에 의해 멸시를 당했으며, 퇴장을 당했다.** 그러나 나는 개인적으로 철학이 단순한 성의 승화가 아니라 오히려 성이 인간을 괴롭히는 철학적이고 실존적 문제로부터의 값싼 도피처로 이용되고 있다고 생각한다.

미국에서 발행된 어떤 잡지에서 다음과 같은 글을 본 사람이 있을 것이다.

---

* S. Kratochvil, 〈K psychoterapii existencialni frustrace〉, 《Československa psychiatria》 57 : 186, 1961 및 〈K problemu existencialni frustrace〉, Československa 62 : 322, 1966.
** Ludwig Binswanger, 《Erinnerungen an Sigmund Freud》, Francke, Bern, 1956.

"세계사를 통틀어 현재의 미국처럼 섹스의 지배를 받는 나라는 없었다고 해도 과언이 아니다."

아주 희한한 일이지만 이 말이 실린 잡지는 바로 《Esquire》였다. 이것이 사실이라면 일반적인 미국인들이 다른 나라 사람들보다 더 깊이 실존적 좌절을 겪고 있으며, 바로 그 때문에 성적인 과잉 보상에 집착한다는 의미가 된다.

언젠가 빈 의과대학에 다니고 있는 우리 학생들을 대상으로 즉흥적인 통계조사를 실시한 적이 있었는데, 그 결과 오스트리아와 서독, 그때 스위스 학생들 중에 40퍼센트가 자기 스스로 경험을 통해 실존적 공허가 무엇인지를 알고 있다는 결과가 나왔다. 그런데 영어로 하는 내 강연에 참석한 미국인 학생들을 대상으로 조사를 했더니 40퍼센트가 아니라 무려 81퍼센트가 실존적 공허를 경험한 적이 있다는 놀라운 결과가 나왔다.

오늘날 방대하게 나타나는 실존적 좌절 - 권태^{boredom}와 무관심^{apathy} - 의 징후는 정신의학은 물론이고 교육 분야에도 도전해야 할 과제를 안겨 주었다. 앞에서도 말했지만 많은 사람들이 실존적 공허를 겪고 있는 시대에 있어서 교육은 전통과 지식을 전달하는 선에 머물거나 그 자체에 만족해서는 안 된다. 그보다는 오히려 무너져 가고 있는 보편적 가치에 영향을 받지 않는, 그들 자신만의 유일한 의미를 찾아낼 수 있는 인간의 능력을 키워 주어야 한다. 어떤 개별적인 상황에 숨겨진 의미를 찾아내는 인간의 능력이란 곧 인간의 판단력을 의미한다. 따라서 교육은 인간이 이런 의미를 찾아내는 수단을 갖출 수 있도록 해주어야 한다.

하지만 이와는 반대로 때로는 교육이 오히려 실존적 공허를 가중시키는 경우도 있다. 학생들에게 어떤 과학적인 성과에 대해 얘기할 때, 이른바 환원주의자(reductionist : 모든 생명 현상은 물리적, 화학적으로 설명될 수 있다고 주장하는 사람들)들의 방식을 취하는 경우가 있는데, 바로 이것이 이런 공허함과 무의미함을 더욱 가중시킨다는 것이다. 학생들이 상대적인 인생 철학과 인간에 대한 기계적인 이론에 그대로 세뇌 당할 수밖에 없는 상황에 노출되어 있기 때문이다.

환원주의자들은 인간을 물화(物化)시키려는 경향이 있다. 다시 말한다면, 인간 존재를 단지 하나의 사물로 다룬다는 것이다. 이에 대해 윌리엄 어윈 톰슨은 다음과 같이 말하고 있다.

"인간은 의자나 탁자와 같은 물체가 아니다. 인간은 삶을 영위하는 존재이며, 만일 자신의 삶이 의자나 탁자와 같이 단순한 존재로 전락했다는 것을 알게 된다면 자살을 할 것이다."*

---

* William Irwin Thomson, 〈Anthropology and the Study of Values〉, 《Main Currents in Modern Thought》 19 : 37, 1962.

이것은 결코 과장된 말이 아니다. 한번은 미국의 한 명문 대학에서 강의를 한 적이 있었는데, 그때 이 대학의 학생처장이 내 논문을 논평하는 자리에서 그 동안 실존적 공허 때문에 자살을 했거나 아니면 자살을 시도한 학생의 명단을 모두 나에게 보여 줄 수 있다고 말했던 것을 기억한다. 이렇게 실존적 공허는 그에게 너무나 익숙한 현상이었다. 매일같이 실제로 개인 지도를 하는 과정에서 마주치는 것이 바로 실존적 공허였던 것이다.

나는 중학생이던 열세 살 때, 환원론에 근거한 수업을 들으면서 받았던 느낌을 아직도 생생하게 기억하고 있다. 자연과학 선생님이 궁극적으로 삶이란 연소의 과정이며, 산화 과정에 지나지 않는다는 말씀을 하셨을 때, 나는 자리에서 벌떡 일어나 이렇게 질문했다.

"프리츠 선생님, 그렇다면 삶이 지니는 의미는 무엇입니까?"

확신하건대 사실 이런 경우 그는 환원론의 사례를 들기보다는 산화론의 사례를 들었어야만 했다.

미국 교육계의 지도층 중에 오늘날 학생들 사이에 두드러지게 나타나고 있는 권태와 무감각 현상에 대해 관심을 기울이는 사람이 있다. 에드워드 D. 에디(Edward D. Eddy)가 바로 그 사람인데, 그는 조교 두 명과 함께 미국의 대표적인 대학 스무 개를 정해 그곳에 속해 있는 수백 명의 행정관과 직원, 학생들과 면담을 했다. 그리고 자신의 저서를 통해 다음과 같은 결론을 내렸다.

"캘리포니아에서 뉴 잉글랜드에 이르기까지 거의 모든 캠퍼스에서 학생들 사이에 팽배한 무감각 현상이 대화의 주제가 되고 있었다. 그것이 직원과 학생들이 했던 토론에서 가장 자주 다루어지는 주제였다."*

일전에 나는 '교육에 있어서 가치의 중요성'이란 주제를 놓고 하버드 대학교의 철학 교수인 휴스턴 스미스 씨와 얘기를 나눈 적이 있었다. 그때 스미스 교수는 과연 가치를 가르치는 것이 가능한가 하는 질문을 나에게 해왔다. 나는 가치란 가르칠 수 있는 것이 아니라 살아야 하는 것이라고 대답했다.

의미라는 것은 주어지는 것이 아니다. 교사들이 학생들에게 줄 수 있는 것은 의미 그 자체가 아니라 하나의 사례, 즉 연구와 진리와 과학의 근거를 밝혀내기 위한 그 자신의 헌신과 노력을 보여 주는 개인적인 사례라고 말했다. 그러자 스미스 교수는 나에게 무감각과 권태 현상에 대해 토론을 해 보자는 제의를 해왔다. 하지만 그의 질문에 응하는 대신 나는 이렇게 되물었다. 미국의 일반 대학생들에게 어떻게 권태와 무감각을 넘어선 그 무엇을 개발할 것을 기대할 수 있겠는가? 흥미를 느낄 수 있는 능력이 없는

---

*Edward D. Eddy, 《The College Influence on Student Character》, American Council on Education, Washington, D. C., 1959.

것이 권태가 아니라면 그 무엇이 권태란 말인가? 진취적인 태도를 취할 수 없는 것이 무감각이 아니라면 그 무엇이 무감각이란 말인가? 인간이란 자아와 초자아 그리고 이드라는 인격적 성향이 서로 악다구니를 하고 있는 전쟁터에 지나지 않는다고 배운 학생들에게 어떻게 진취적인 것을 기대할 수 있겠는가? 자기 자신의 존재가 어떤 것에 대해 단순히 반응하는 물체, 방위기제에 지나지 않는다는 설교를 듣고 있는 학생이 어떻게 어떤 것에 흥미를 가질 수 있으며, 이상과 가치의 문제에 신경을 쓸 수 있겠는가?

환원론은 젊은이 고유의 열정을 훼손하고 침범할 뿐이다. 물론 미국 젊은이들의 열의와 이상주의가 고갈되지 않았다는 것은 틀림없는 사실이다. 그렇지 않다면 그토록 많은 미국의 젊은이들이 평화봉사단이나 경제 기획원에서 주도하는 빈곤 지역에 대한 직업훈련자 파견 계획(VISTA)에 참가하는 현상을 이해할 수 없을 것이다.

그러나 우리 앞에 놓여진 실존적 공허라는 현상을 예방적인 차원에서가 아니라 치료적인 차원에서 처리하려면 어떻게 해야 할까? 실존적 공허를 '처리한다'는 표현 자체가 그것을 치료한다는 의미를 내포하고 있는 것일까? 그것을 병으로 볼 수 있을까? 지그문트 프로이트가 보나파르트 왕비에게 보낸 편지에서 한 말,

---

* Sigmund Freud, 《Briefe》, S. Pischer-Verlag, Frankfurt am Main, 1960.

즉 "삶의 느낌이나 가치에 대해 의문을 갖기 시작하는 바로 그 순간부터 그 사람은 병에 걸린 것입니다"*라는 말에 대해 동의할 수 있을까?

실제로 실존적 공허를 병적인 현상으로 잘못 해석하게 된 원인은 이것을 사유의 문제가 아닌 정신의학의 문제로 투사했다는 데에 있다. 다차원적 인간론과 존재론의 제2법칙에 의하면, 이것이 필수적으로 진단상의 모호함을 수반하고 야기할 수밖에 없다고 한다. 그 과정에서 실존적 좌절과 정신질환 사이의 차이가 사라지게 되는 것이다. 그래서 그 누구도 정신적으로 우울한 상태와 정신병을 구별할 수 없게 된다.

실존적인 공허는 신경증이 아니다. 설혹 실존적 공허가 신경증으로 판명이 났다 하더라도 그것은 사회적인 요인에 의해 생긴 것이거나 심지어는 환자를 치료하는 척하는 의사에 의해 생긴 신경증이라고 할 수 있다. 나는 죽음에 직면한 환자가 삶의 궁극적인 의미에 관해 관심을 갖는 현상을 가지고 의사가 그것은 거세의 공포에서 나오는 '마지막 관심'이라고 말하는 소리를 얼마나 자주 들었는지 모른다. 삶이 살아갈 가치가 있는가 하는 문제에 대해 더 이상 염려할 필요가 없게 되었다는 사실이 환자에게 구원이 될 수도 있다. 하지만 그럼에도 불구하고 환자의 오이디푸스 콤플렉스가 여전히 치료되지 않을 수도 있다. 그런 해석이 실존적 좌절을 합리화시키는 역할을 하는 것은 틀림없는 사실이다.

이와 관련해서 삶의 의미에 대해 회의를 느껴 우리 대학 병원에 입원하게 된 빈 대학 교수의 경우를 예로 들어 보겠다. 그에 대한 진단 결과가 나왔다. 유럽의 전통 정신의학에 의하면 그는 소위 인체성에 속하는 내인성endogenous 우울증으로 고통을 받고 있었다. 하지만 놀라운 것은 환자가 실의에 빠져 있었을 때에는 그런 회의가 생기지 않고 오히려 건강 상태가 좋을 때에만 삶에 대한 회의가 그를 사로잡는다는 사실이었다. 실의에 빠져 있을 때 그는 심기증(hypochonfriac : 의학적으로 아무런 병이 없다고 판단되었음에도 불구하고 스스로 중병에 걸렸다고 생각하는 증상)에 너무나 빠져 있어서 스스로 삶의 의미에 대해 걱정할 여유가 없었다. 바로 여기에서 실존적 좌절과 정신질환 사이에 아무런 연관성이 없다는 사실이 입증된다. 따라서 실존적 공허를 신경증의 '또 다른 증후'로 소홀히 취급하는 것은 그다지 바람직한 일이 아니다.

하지만 비록 신경증 때문에 실존적 공허가 생기는 것은 아니라고 할지라도 실존적 공허가 신경증의 원인이 될 수는 있다. 이 시점에서 심인성 신경증이나 인체성 신경증과 구별되는 noological 신경증에 대해 이야기해야 할 것 같다. noological 신경증은 영적인 문제나 도덕적, 윤리적 갈등에서 발생하는 신경증이라고 할 수 있는데 여기서 말하는 도덕적, 윤리적 갈등이란 단순한 초자아와 진정한 판단력 사이의 갈등이라고 할 수 있다. 필요할 경우, 후자가 전자를 부정하고 거부한다. 신경증을 유발하는 빈도로 볼 때는 마지막이지만 결코 소홀히 다룰 수 없는 이 noological 신경증의 원인은 실존적 공허나 실존적 좌절 혹은 의미를 부여하려는 의지의 좌절이라고 할 수 있다.

제임스 C. 크럼보우는 다른 신경증과 noological 신경증을 구별하기 위해 '삶의 목적$^{Purpose-in-Life}$, 일명 PIL 테스트'라는 것을 고안해냈다. 레오나드 마홀릭*과 함께 그는 이 연구에서 얻은 결과를 책으로 펴냈으며, 미국 정신의학 협회의 연례 회의에서 이보다 상세한 연구 결과를 발표했다. 그 연구는 모두 1,151명이나 되는 대상자들로부터 취한 데이터를 근거로 진행된 것이었다. 그 결과 크럼보우는 다음과 같은 결론을 내렸다. 즉 "noological 신경증은 일반적인 신경 증상의 범주를 벗어나 존재하며, 어떤 일반적인 징후와도 일치하지 않는다. noological 신경증은 기존의 어떤 표현법으로도 적절하게 설명할 수 없는 새로운 임상적 징후를 보여 주고 있다. 현재의 연구 결과는 정신적 신경증과 실존적 공허에 관한 프랭클의 개념이 옳다는 것을 뒷받침해 주고 있는 것으로 나타났다. 검사 결과와 교육 수준 사이에는 상관관계가 낮은 것으로 나타났는데, 이것은 목적이 있고 의미 있는 삶이 교육 기회에 따라 제한받지는 않는다는 것을 의미하며, 다른 한편으로는

---

*James C. Crumbaugh and Leonard T. Maholick, 〈An Experimental Study in Existentialism : The Psychometric Approach to Frankl's Concept of Noogenic Neurosis〉, 《Journal of Clinical Psychology》 20 : 200, 1964.

삶의 의미를 찾는 것이 결코 교육만으로 이루어지는 것이 아니라는 것을 시사하는 것이다."*

이러한 경험적 확증과 함께 noological 신경증의 발생 빈도와 관련된 통계적인 연구도 진행되었다. 런던의 워너**, 튀빙겐의 란겐과 볼하르트***, 뷔르츠부르크의 프릴****, 그리고 빈의 니에바우어*****는 자기들이 만난 신경증 환자 가운데 약 20퍼센트가 질환의 특성이나 원인으로 볼 때 noological 신경증으로 고통받고 있다는 사실에 대해 동의했다.

실존적 공허가 결국 noological 신경증으로 발전한다면 그에 대한 치료는 전문적으로 의학에 종사하는 사람에게 맡겨야 하는 것은 두말할 필요도 없는 사실이다. 우리나라를 비롯해 여러 나라에서 의사가 아닌 사람은 그 누구도 정신치료를 할 수 없게

---

* James C. Crumbaugh, 〈The Purpose-in-Life Test as a Measure of Frankl's Noogenic Neurosis〉, delivered before Division 24, American Psychological Association, New York City, September 3, 1966. 이 논문의 보다 상세한 내용에 관한 설명이 1968년에 출판되었다(James C. Crumbaugh, 〈Cross-Validation of Purpose-in-Life Test Based on Frankl's Concepts〉, 《Journal of Individual Psychology》 24 : 74, 1968). 이 연구에 사용된 PIL의 사본은 다음 주소로 요청하면 보내 준다. Psychology Service, Veterans Adimnistration Hospital, Gulfport, Mississippi 39501.
** T. A. Werner, Opening Paper read before the Symposium on Logotherapy, International Congress of Psychotherapy, Vienna, 1961.
*** R. Volhard and D. Langen, 〈Mehrdimensionale Psychothrapie〉, 《Zeitschrift Für Psychotherapie》 3 : 1, 1953.
**** H. J. Prill, 〈Organneuros und Konstitution bei chronishfunktionel-len Unterleibschwerden der Frau〉, 《Zeitschrift für Psychotrapie》 5 : 215, 1955.
***** K. Kocourek, E. Niebauer, and P. Polrak, 〈Ergebinsse der Klinischen Anwendung der Logotrapie〉, 《In Handbuch der Neurosenlebre und Psychotherapie》 Vol. 3, edited by V. E. Frankl, V. E. von Gebsattel, and J. H. Schultz, Urban & Schwarzenberg, Munich-Berlin, 1929.

되어 있다. 물론 이것은 로고테라피의 경우에도 해당된다. 로고테라피가 병의 치료와는 연관이 없다는 것 때문에 개인 상담원 같은 직업에 종사하는 사람들이 여기에 접근하기 쉽다는 것은 한편으로 이해할 만한 일이다. 임상적 심리학자나 사회사업가, 목사, 승려, 그리고 랍비들이 삶의 의미를 찾고 있거나 삶의 의미에 회의를 품고 있는 사람들, 다시 말하면 실존적 공허에 시달리는 사람들에게 충고나 도움을 주어서 안 될 이유는 없는 것이다. 1954년에 창립된 아르헨티나의 실존적 로고테라피 협회는 그러한 점을 감안해 정신의학자를 위한 부서와 의사가 아닌 회원들을 위한 부서로 나누어서 운영하고 있다.

삶의 의미를 찾기 위해 고군분투하거나 삶에 과연 의미가 있느냐 하는 의문과 씨름하는 것 그 자체는 병적인 현상이 아니다. 젊은 사람들의 경우, 삶에 의미가 있다는 사실을 당연하게 여기지 않고 그 의미에 과감하게 도전하는 것은 그들의 특권이다. 그리고 실존적 공허에 처한 사람에게 응급 조치를 할 적마다 이런 확신을 가지고 시작해야 한다. 실존적 좌절이 정신질환이라고 생각하고 이것을 부끄러워할 필요가 없다. 왜냐하면 그것은 정신질환의 징후가 아니라 인간으로 이룰 수 있는 성과이고 성취이기 때문이다. 무엇보다도 실존적 좌절을 겪는다는 것은 그가 지적으로 진지하고 성실한 사람이라는 사실을 의미한다는 것을 알아야 한다.

하지만 만약 젊은이가 자신의 특권을 스스로 인정하고, 삶의 의미에 도전장을 던지려고 한다면 반드시 인내심을 가져야 한다. 그 의미가 분명하게 다가올 때까지 기다릴 수 있는 충분한 인내심이 있어야 한다.

내가 스물다섯 살의 환자와 나눈 대화록을 보면, 이런 경우 환자로 하여금 자신의 문제를 객관적으로 바라보도록 함으로써 안도감을 갖게 하는 것이 어떻게 가능한지를 알 수 있을 것이다. 이 젊은이는 수년 동안 불안 증세로 고생해 왔다. 치료 기간 중 마지막 3년 동안에는 줄곧 정신분석 치료를 받았다. 그러다가 내가 일하는 진료소 신경과 외래 환자 병동에 도움을 구하게 되었다. 우리 의료진 가운데 한 사람이 그를 나에게 소개해 주었다.

그는 나에게 삶이 아무런 의미가 없어 보일 때가 종종 있다고 말했다. 그는 매일같이 반복되는 꿈 때문에 고통받고 있었는데, 이 꿈 속에서 삶이 전적으로 무의미하다는 생각이 보다 분명해진다고 했다. 꿈 속에서 그는 주변 사람들에게 자기 문제를 해결해 달라고, 제발 자기를 이런 상황에서 해방시켜 달라고 애타게 호소하고 있는 자기를 발견한다고 했다. 그는 사람들에게 자기의 삶이 헛되다는 불안으로부터 자기를 구원해 달라고 애걸했다. 하지만 그 사람들은 자신들의 삶을 계속해서 즐기고 있었다. 맛있는 식사와 따사로운 햇살, 삶이 그들에게 부여하는 그 모든 것을 무엇이든지 그냥 즐기고만 있었다. 그가 나에게 꿈 이야기를 하는 동안 다음과 같은 대화가 오고 갔다.

프랭클 : 말하자면 그 사람들이 전적으로 무분별한 태도로 인생을 즐기고 있다는 말이군요.

환자 : 맞습니다. 제가 삶의 의미에 대한 회의로 고통받고 있는 동안에 말이지요.

프랭클 : 스스로를 돕기 위해 어떤 일을 해 보았습니까?

환자 : 음악을 듣거나 연주하는 것이 가끔 위안을 주기는 합니다. 무엇보다도 바흐나 모차르트, 그리고 하이든은 아주 심오한 종교적 심성을 지닌 인물들이고, 그래서 음악을 들을 때 저는 적어도 그런 음악을 만든 사람들이라면 인간의 존재에 보다 심오하고 궁극적인 의미가 있다는 확고한 신념에 도달할 수 있는 행운을 허락받은 사람들이라는 사실을 즐깁니다.

프랭클 : 그러니까 당신 스스로는 그런 의미를 믿지 않으면서도 그것을 믿는 위대한 사람들은 믿는다는 얘기가 되요?

환자 : 그렇습니다. 박사님!

프랭클 : 한 손에는 가치와 의미를, 그리고 다른 한 손에는 인간을 놓고, 이 둘 사이를 중재하는 것이 위대한 종교 지도자와 도덕군자들이 하는 일 아닙니까? 따라서 인간에게는 모세든, 예수든, 마호메트든, 석가모니든 천재적인 인간의 손길로부터 무엇인가를 얻을 수 있는 기회가 주어져 있으며, 그들로부터 스스로는 얻을 수 없는 것을 가질 수 있는 기회를 부여받고 있습니다. 알다시피 과학 분야에서라면 우리 자신이 지닌 지적인 능력을 가지고 그렇게 할 수 있

습니다. 하지만 신념에 관한 문제에 있어서는 때로 우리 자신들보다 위대한 다른 사람들을 의지하고 믿어야 합니다. 그리고 미래에 대한 그들의 통찰력을 받아들여야 합니다. 존재의 궁극적인 의미를 추구하는 과정에서, 인간은 우리가 잘 알고 있는 것처럼 단순한 지적 정보보다는 기본적으로 감정적인 것에 의지합니다. 다시 말하자면, 인간은 존재의 궁극적인 의미를 '믿어야' 한다는 것입니다. 하지만 이보다 더 중요한 것은 그런 믿음이 '어떤 사람'에 대한 믿음에 의해 중재되어야 한다는 것입니다.

그런데 한 가지 물어 보겠습니다. 음악이 당신 존재의 심오한 곳을 건드려 당신에게 감동의 눈물을 흘리게 한다면 어떨까요? 어떤 순간에 그런 일이 일어나는 경우가 있지요. 그렇지 않습니까? 그런데 그럴 때에도 여전히 삶의 의미에 대해 회의를 품고 있나요, 아니면 그 순간에는 그런 의문이 떠오르지 않나요?

환자 : 그럴 때는 이 문제가 전혀 마음에 떠오르지 않습니다.

프랭클 : 맞습니다. 바로 그 순간, 당신이 절대적인 아름다움에 즉각적으로 감동을 받은 바로 그 순간 삶의 의미를 발견했다고 생각할 수 있지 않을까요? 지적으로 그것을 추구하지 않고 그저 감성의 영역에서 그것을 발견했다고 말입니다. 그 순간에 우리는 스스로에게 삶의 의미가 있느냐 없느냐를 묻지 않습니다. 하지만 만약에 묻는다면 존재의 심오한 곳에서부터 "그렇소"라고 외치지 않을 수 없을 것입니다. 이런 특별한 체험을 하기 위해서만 세상을 산다고 해

도 삶은 충분히 가치가 있는 것입니다.

환자 : 무슨 말씀인지 이해하고 동감합니다. 내 삶에서 내가 전혀 생각하지 않고 지나간 순간들이 분명히 있었습니다. 하지만 바로 그 순간에도 의미는 존재했지요. 저는 심지어 존재와 하나가 되는 것을 경험하기도 했습니다. 이런 경험을 위대한 신비주의자들이 말하는 것처럼 신과 가까운 존재가 되는 경험과 비슷한 것이라고 할 수 있겠지요.

프랭클 : 어쨌든 그때 당신은 진리에 근접한 느낌을 가졌다고 할 수 있습니다. 그리고 우리가 진리를 신의 또 다른 모습이라고 생각하는 것은 지극히 당연한 것입니다. 내 머리 위를 보십시오. 자리 뒤쪽에 있는 벽에 하버드 대학교의 기장이 걸려 있는 것을 볼 수 있을 겁니다. 그 기장에 진리를 의미하는 'veritas' 라는 글자가 새겨져 있습니다. 그런데 보다시피 이 글자는 세 개의 음절로 나뉘어져 세 권의 책 안에 들어가 있습니다. 이것을 보고 우리는 총체적인 진리는 보편적인 것이 아니라는 해석을 내릴 수 있습니다. 왜냐하면 누구나 진리에 도달할 수 있는 것은 아니기 때문입니다. 인간은 전체적인 진리의 일부분만 깨우치고 여기에 만족합니다. 신의 경우에는 더욱 그렇습니다. 신에게 있어서 진리는 단지 일부분을 훨씬 능가하는 것입니다.

환자 : 하지만 궁금한 것은 내가 공허한 느낌이나 가치와 의미의 부재로 고통받을 때, 심지어 예술적인 아름다움과 과학적 진실 모두

로부터 소외당하고 있다고 느낄 때는 어떻게 해야 하는 겁니까?

프랭클 : 그럴 때는 의미를 발견한 위대한 인물들에게만 매달리지 말고, 의미를 추구했으나 끝내 실패한 사람들에게도 주의를 돌리라고 말하고 싶습니다. 위대한 철학자, 예를 들어 프랑스의 실존주의 철학자인 장 폴 사르트르나 작고한 알베르 카뮈가 쓴 책을 읽을 것을 권합니다. 이 사람들은 당신이 품고 있던 것과 똑같은 의문으로 고통을 당했지만 결국 그것을 하나의 철학으로 만들어냈습니다. 비록 허무주의적인 것이기는 하지만 말입니다.

당신은 자신의 문제를 학구적인 차원에 두어야 하고, 그 문제와 자기 자신을 서로 분리시켜야 합니다. 그 동안 당신을 괴롭혀 왔던 문제를 이제는 이런 저런 사람이 쓴 책의 어떤 페이지에 나와 있는 이런 저런 문장의 하나로 생각해야 합니다. 이 문제로 고통을 겪는 것은 지극히 인간적인 것이자 정직한 것이며, 정신질환의 징후가 아니라 하나의 성과이자 성취라는 사실을 인정하게 될 겁니다. 어찌 되었던 부끄러워할 것이 하나도 없으며, 오히려 지적으로 정직한 것에 대해 자부심을 가져야 한다는 것을 알게 될 것입니다.

자신의 문제를 하나의 증세로 해석하지 않고, 인간 조건의 본질적인 측면의 하나로 그것을 이해하는 법을 배우게 될 겁니다. 당신은 자신을 보이지 않는 공동체의 일원으로 생각하게 될 것입니다. 이 공동체는 고통받고 있는 사람들의 공동체, 인간 존재의 근본적인 무의미함이라는 절망적인 경험으로 고통당하고 있으면서 동시에 이런 인류의 고질적인 문제를 해결하기 위해 투쟁하고 있는 사람들의 공동체를 말합니다. 같은 종류의 고통과 같은 종류의 투쟁이 당신들을 가장 바람직한 인간 집단의 모범으로 결합시킬 겁니다. 그러니 참을성과 용기를 가지십시오. 풀리지 않는 문제를 당분간 그냥 내버려두는 참을성과 그 문제를 궁극적으로 해결하기 위한 싸움을 포기하지 않는 용기를 말합니다.

환자 : 그렇다면 박사님은 제 상태를 신경증이라고 생각하지 않으신다는 말씀입니까?

프랭클 : 만약 신경증이라고 한다면 그것을 요즘 집단적으로 나타나는 신경증이라고 부르고 싶군요. 이것은 집단적으로만 치유될 수 있습니다. 이런 견지에서 볼 때 당신의 고통은 인류 전체를 괴롭히는 고통, 적어도 감정적으로 예민하고, 넓은 가슴을 가지고 있는 사람들을 괴롭히는 고통이라고 할 수 있습니다. 당신이 짊어지고 있는 고통이 바로 이런 사람들과 같은 것입니다.

환자 : 저는 고통을 당하는 것은 상관하지 않습니다. 하지만 고통에도 의미가 있어야 하지 않을까요?

프랭클 : 의미를 요구하는 것도, 삶의 의미에 대해 묻는 것도 병적인 것이 아닙니다. 오히려 젊은이의 특권이라고 할 수 있죠. 진정한 젊은이라면 자기 삶의 의미를 당연한 것으로 받아들이지 않고 그것에 과감히 도전장을 던져야 합니다. 내가 말하고 싶은 것은 당신이 느끼는 절망감 때문에 스스로 절망할 필요가 없다는 겁니다. 당신

은 이 절망감을 내가 '의미를 찾고자 하는 의지'라고 부르는 바로 그것이 자신에게 존재한다는 증거로 받아들여야 합니다. 그리고 어떤 면에서는 당신이 의미를 찾고자 하는 의지를 지니고 있다는 바로 그 사실이 의미에 대한 당신의 믿음이 옳다는 것을 입증한다고 할 수 있을 겁니다.

오스트리아의 유명 작가 프란츠 베르펠(Franz Werfel)이 "갈증은 물이 실제로 존재한다는 것을 보여 주는 가장 확실한 증거이다"라고 말한 것과 같은 겁니다. 만약 이 세상에 물이 없다면 사람이 어떻게 갈증을 느낄 수 있겠느냐 하는 것이지요. 그리고 파스칼(Blaise Pascal)의 말도 잊지 마십시오. "우리 마음 속에는 이성에게는 알려지지 않은 이성이 있다(Le Coeur a ses raisons, que la raisons ne connait point)"라는 말입니다. 나는 당신의 마음이 궁극적인 이성(raison d'etre)을 믿어 왔다고 말하고 싶습니다. 때로는 우리 마음의 지혜가 우리 두뇌의 통찰력보다 더 심오하다는 것이 입증될 때도 있습니다. 그리고 때로는 가장 합리적인 것이 너무 합리적인 것이 되지 않으려고 애를 쓰기도 합니다.

환자 : 이것은 확실히 제 스스로 깨달은 것인데요. 마음의 안정을 얻고 싶을 때, 앞에 놓여 있는 당면한 과제로 주의를 돌리는 것만으로도 안정감을 느끼는 경우가 종종 있습니다.

처음에 나는 성적인 쾌락이 실존적 좌절로부터의 도피처와 같은 역할을 할 수 있다는 말을 했다. 의미를 찾으려는 의지가 좌절당했을 경우, 쾌락을 찾고자 하는 의지는 이런 의미를 찾고자 하는 의지의 파생물일 뿐만 아니라 대용물이기도 한다. 권력에의 의지 역시 이와 유사한 목적에 종사한다. 의미를 충족시키려는 원초적 관심이 좌절되었을 때, 인간은 쾌락을 지향하거나 권력에서 만족을 얻으려고 한다.

권력을 추구하는 의지 중에는 재물에 대한 의지도 포함되어 있다. 재물에 대한 의지는 지나치게 일에 몰두하는 결과를 가져오는데, 이렇게 과도하게 몰두하는 것은 성(性)에 몰두하는 것과 함께 실존적 공허를 잊기 위한 도피의 수단이라 할 수 있다.

일단 재물에의 의지가 그 자리를 대신하게 되면 의미의 추구는 수단의 추구로 바뀌게 된다. 재물이 수단으로 남아 있는 것이 아니라 그 자체가 목적이 되는 것이다. 그리고 본래의 목적에 봉사하는 것을 중단한다.

그렇다면 재물의 의미, 즉 재물을 소유하는 것의 의미는 무엇일까? 재물을 가지고 있는 대부분의 사람들은 실제로는 재물의 소유를 당하고 있으며, 그것을 모아야겠다는 욕구에 사로잡혀 있다. 그렇게 함으로써 그 의미를 없애버리는 것이다. 왜냐하면 재물을 가졌다는 것이 그 사람이 행복한 처지에 있다는 것을 의미하기 때문이다. 사람은 재물에 주의를 기울이지 않을 수 있다. 그보다는 오히려 수단이 목적 그 자체를 추구한다.

언젠가 한 미국 대학의 총장으로부터 몇 주 동안 교수로 일한 대가로 9천 달러를 주겠다는 제의를 받았다. 하지만 나는 이를 거절했다. 그는 내가 왜 거절하는지 몰랐다.

"더 많은 보수를 원합니까?" 그가 물었다.

"천만에요." 나는 대답했다.

"하지만 그 9천 달러를 어떻게 불릴까 생각해 보니 그것을 보람 있게 불리는 유일한 방법은 일을 하기 위한 시간을 사는 것이라는 생각이 들더군요. 그렇지만 지금 나에게는 일을 할 시간이 있습니다. 그런데 내가 왜 그 9천 달러에 시간을 팔아야 합니까?"

돈은 그 자체로 목적이 될 수 없다. 만약 1달러가 어떤 사람의 손에서 보다 많은 의미와 목적을 가지고 쓰일 수 있다면 나는 내 지갑을 열어 그 돈을 줄 것이다. 이것은 이타주의와는 아무 상관이 없는 것이다. 이타주의 대 이기주의는 진부한 양자택일에 불과할 뿐이다. 앞에서 말했듯이 가치에 대한 도덕적인 접근은 선과 악에 대한 판단이 의미(그 의미가 내 자신의 것이든 혹은 다른 사람의 것이든 상관없이)를 충족시키는 데 도움이 되는지 아니면 방해가 되는지의 기준으로 규정되는 존재론에 길을 비켜 주어야 한다.

돈 그 자체가 목적인 것처럼 돈을 벌기를 갈망하는 사람들에게는 '시간이 돈이다'. 그들은 속도에 대한 욕구를 드러낸다. 그런 사람들에게는 속도가 빠른 차를 모는 것 그 자체가 목적이 된다. 이것은 일종의 방어기제, 즉 자기 앞에 직면한 실존적 공허로부터 도피하기 위한 시도라고 할 수 있다. 목표를 잘 알지 못하는 사람일수록 길을 빨리 가려고 애쓴다. 불량배 역을 맡은 빈의 유명 코미디언 콸팅거(Qualtinger)는 오토바이를 타고 가면서 이런 노래를 불렀다.

"나는 내가 지금 어디로 가고 있는지 몰라요.
하지만 어쨌든 나는 그곳에 제일 빨리 도착할 걸."

이것이 바로 구심적인centripetal 안일과 반대되는 개념으로 내가 제시한 원심적centrifugal 안일의 사례라고 할 수 있을 것이다. 요즘은 원심적인 안일이 지배적이다. 자아로부터의 도피는 자아 안에 있는 공허와 직면하는 것을 피할 수 있도록 해 준다. 구심적인 안일은 문제를 해결할 수 있도록 해주며, 처음부터 그 문제들과 맞설 수 있도록 해 준다. 직업적으로 과도한 업무와 원심적인 안일 사이를 왔다 갔다 하는 사람들에게는 생각을 마무리할 시간이 없다. 생각을 시작했을 때 비서가 들어와 결재할 것이 있다거나 꼭 받아야 할 전화가 있다고 말한다. 그 다음에 벌어지는 상황은 시편에서 다윗 왕이 노래했던 것과 같다.

"밤중에도 그대의 마음이 나를 깨우쳐 주네."

만약 그가 지금 살아 있다면 밤중에도 억압된 실존적 문제들이 되살아난다고 노래할 것이다. 의식이 그로 하여금 그런 문제들을 다시 떠올리도록 하는 것이다. 이것이 바로 내가 정신적 불면증이라고 부르는 증상의 원인이다. 이런 문제로 고생하고 있는 사람들은 수면제를 자주 복용한다. 그러면 그들은 잠에 빠져든다. 이것은 틀림없는 사실이다. 하지만 그와 더불어 압박감으로 인한 병적인 증상의 희생물로 전락하는 것도 사실이다. 삶의 성적인 측면에 의한 압박감이 아니라 삶의 실존적 측면에 의한 압박감이다. 우리는 명상과 묵상이 가능한 새로운 형태의 여가를 필요로 하고 있다. 이를 위해 인간은 고독해질 수 있는 용기가 필요하다.

결론적으로 말하면 실존적 공허는 하나의 역설이다. 우리는 만약 시야를 넓히기만 하면 주어진 자유를 즐길 수 있다는 것을 알고 있다. 하지만 아직도 스스로의 책임을 충분히 인식하지 못하고 있다. 만약 그것을 충분히 인식한다면, 우리에 의해 충족되어지기를 원하는 수없이 많은 의미들이 기다리고 있다는 사실을 깨닫게 될 것이다. 우리보다 혜택을 받지 못하고 사는 사람들이나 후진국의 사례를 보면서 그 의미를 깨달을 수도 있다.

인간의 조화에 대한 개념을 확장시키는 것에서 논의를 시작할 필요가 있는 것은 분명하다. 위기에 처한 것은 인간 사이의 조화뿐만이 아니다. 인류의 조화도 위기에 처해 있다.

지금으로부터 수천 년 전, 인류는 일신론^{monotheism}을 만들었다. 지금은 다른 단계로 넘어가야 할 시기이다. 나는 그것을 단일 인류론monanthropism이라고 부르고 싶다. 하나의 신을 믿는 것이 아니라 하나의 인류에 대한 인식, 인간의 단일성에 관한 인식을 의미하는 것이다. 그 빛 아래에서 피부색의 차별이 사라지고 마는 그런 단일성 말이다.*

로고테라피의 테크닉

noological 신경증의 경우, 로고테라피가 매우 탁월한 치료법이라고 할 수 있다. 다시 말하자면 자기 삶에 명백한 무의미함으로 인한 실존적 좌절의 포로가 된 환자들이 필요로 하는 것은 정신요법보다는 로고테라피라는 말이다. 하지만 심인성 신경 질환의 경우는 이와 다르다. 물론 이 문제에 있어서도 로고테라피가 정신요법과 대립되는 입장에 있는 것은 아니다. 그 자체가 여러 개의 정신요법 중 하나에 속한다고 할 수 있을 것이다.

　로고테라피를 임상에 적용하는 문제를 제대로 소개하기 위해서는 실제 사례를 근거로 하고, 병원의 조건을 전제로 해서 얘기를 해야 하지만 여기서는 이런 것 없이 로고테라피가 심인성 정신

---

*나는 결코 차별을 반대하지 않는다. 나는 인종적인 차별주의자라기보다는 극단적인 차별주의자인 것이 확실하다. 즉 어떤 사람을 오직 그 한 사람만을 대변하는 '종'의 견지에서 판단한다는 것이다. 다시 말해서 나는 인종 차별주의자라기보다 인간 차별주의자라고 할 수 있다.

질환에 어떻게 적용될 수 있는지 살펴 보도록 하자. 사례에 대한 보고와 토론을 통한 훈련과 비교해 볼 때, 훈련에 대한 분석은 상대적으로 덜 중요한 것이다.

로고테라피의 임상적 적용의 실제는 그것이 지닌 인간론적인 의미에서 비롯된 것이다. deflection과 역설 의도 paradoxical intention 라고 불리는 로고테라피의 테크닉은 모두가 인간 존재의 두 가지 본질적인 특성, 즉 자기를 초월하고 자기를 이탈할 수 있는 인간의 능력을 근거로 한 것이다.

로고테라피의 동기 이론에 대해 토론할 때, 나는 쾌락에 대한 직접적인 집착이 결국 그것을 좌절시키고 만다는 점을 지적한 바 있다. 사람이 쾌락에 목표를 두면 둘수록 그 사람은 더욱 더 그 목표를 달성할 수 없게 된다. 로고테라피에서 이런 과잉 의도와 관련된 상황에 대해 얘기했다. 이런 병적인 현상과 더불어 또 다른 현상을 볼 수 있는데, 로고테라피에서 과잉 반사 hyper-reflection 라고 부르는 것이다. 과잉 반사란 지나친 주의 집중을 의미한다.

그런가 하면 집단적 과잉 반사라고 부를 수 있는 현상도 있다. 이 같은 현상은 미국 문화권에서 뚜렷하게 나타난다. 이곳에 사는 사람들은 항상 자신을 관찰하려고 하고, 자신들의 행위에 숨겨진 것으로 추정되는 동기를 캐기 위해 자신을 분석하고, 그 밑에 깔려 있는 무의식적인 정신역학의 견지에서 그것을 해석하려고 한다. 조지아 대학의 에디트 바이스코프-요엘슨(Edith

Weisskopf-Joelson) 교수는 미국의 대학생들 사이에서는 자신에 대한 해석과 자아 실현이 지고의 가치를 지닌 행위로 여겨지고 있다는 사실을 발견했다. 이것이 다른 어느 나라 학생들보다 통계적으로 뚜렷하게 높은 것으로 나타났다. 이런 풍토에서 성장한 사람들은 심하게 훼손된 과거가 운명적으로 어떤 결과를 가져올 것이라는 생각에 사로잡히게 되고, 결국은 실제로 무능한 존재가 되어 버리고 만다.

한번은 내 책을 읽은 독자가 나에게 편지를 보냈는데, 그 편지에서 그는 다음과 같이 고백했다.

"나는 실제로 열등의식을 가지고 있다는 사실보다 열등의식을 가져야 한다는 생각에 더 많은 고통을 당해 왔습니다. 실제로 나는 내 경험을 다른 어느 것과도 바꾸려고 하지 않았으며, 또 그것 때문에 상당히 덕을 보고 있다고 믿었습니다."

목표에 지나치게 집착하면 자발성과 활동성이 방해를 받게 된다. 지네에 얽힌 이야기를 한번 해 보자. 어느 날 지네가 적으로부터 발을 움직일 때 어떤 순서로 움직이느냐는 질문을 받았다. 지네가 그 문제에 주의를 기울이자 전혀 발을 움직일 수 없게 되었다. 그는 굶어 죽었다. 지네가 파멸을 초래하는 과잉 반응 때문에 죽었다고 할 수 있지 않을까?

로고테라피에서는 이런 과잉 반응을 반응 억제를 통해 중화시킨다. 이런 테크닉이 적용되는 영역 중의 하나가 불감증이든 발기부전이든 성적인 문제로 생기는 신경증의 경우이다.* 성적인 행위나 경험은 사람이 그것을 주의의 대상이나 의도의 목표로 삼으면 삼을수록 위축되게 되어 있다. 발기부전으로 고생하고 있는 환자를 보면 성행위를 자신에게 부과된 어떤 것으로 생각하는 경우가 많다. 이런 발기부전의 원인이 무엇인가에 대해서는 다른 곳에서 자세하게 다룬 바 있다.** 로고테라피의 테크닉은 환자의 성행위에 따라 붙는 이런 요구적인 성격을 제거하는 것을 목표로 해서 발전해 왔다.*** 성적인 문제와 관련된 신경증에 대한 로고테라피의 테크닉은 로고테라피 이론을 인정하느냐 하지 않느냐에 상관없이 누구에게나 적용될 수 있다. 빈의 외래병동 신경과에서는 성적인 문제로 신경증에 걸린 환자들을 보수적인 프로이트 학파의 의사에게 맡긴다. 하지만 단기간의 치료가 필요하다는 진단을 받았을 경우에는 이 의사들도 정신분석 테크닉이 아닌 로고테

---

* 불감증에 관해서는 내가 쓴 《Man's search for meaning : An Introduction to Logotherapy》, Washington Square Press, New York, 1963, pp. 194 f에 나오는 유익하고 실질적인 사례를 참고로 하기 바란다.
** Viktor E. Frankl, 《The Doctor and the Soul : From Psychotherapy to Logotherapy》, Alfred A. Knopf, New York, 1965, pp. 159 ff.
*** 런던에서 열린 국제 정신요법 회의의 일환으로 진행된 로고테라피 심포지움의 기조 연설에서 나는 이 테크닉에 대해 얘기했다(Viktor E. Frankl, 〈Logotherapy and Existential Analysis - A Review〉, 《American Journal of Psychotherapy》 10 : 151, 1965).

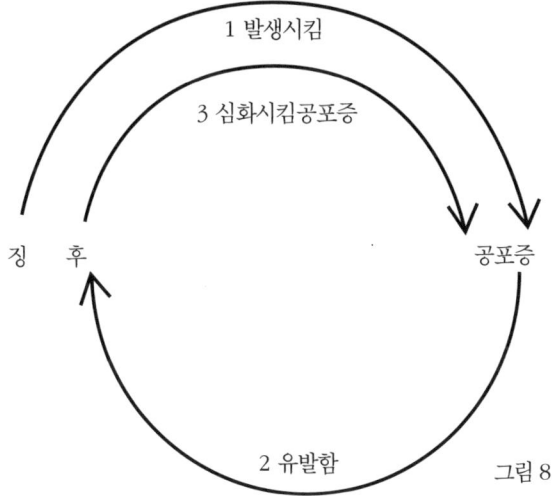

그림 8

라피의 테크닉을 사용한다.

반응 억제가 성적인 신경증을 위한 로고테라피 치료의 본질적인 요소라면 역설 의도는 강박 관념과 공포증 환자를 위한 단기간의 치료에 적합한 치료법이다.*

역설 의도는 환자가 두려워하고 있는 바로 그 일을 하도록 하

---

*독일에서 나는 1939년에 이미 역설 의도에 관한 글을 발표한 적이 있다(〈Zur medikamentosen Unterstutzung der Psychotherapie bei Neurosen〉, 《Schweizer Archiv für Neurologie und Psychiatrie》 43, 26-31). 영어로는 1955년에 출판된 책에서 이에 대해 언급했다. 《The Doctor and the Soul : An Instruction to Logotherapy》 Alfred F. Knoff, New York. 그리고 연구보고서에서도 이 문제를 다루었다. 〈Paradoxical Intention : A Logotherapeutic Technique〉, 《American Journal of Pychotherapy》 14 : 510, 1960. 이 보고서는 그 후 필자가 출간한 책에 다시 실렸다. 《Psychotherapy and Existentialism : Selected Paper on Logotherapy》, Washington Square Press, New York, 1967.

거나 혹은 그런 일이 일어나기를 바라도록 북돋아주는 것을 말한다. 이 테크닉이 치료 방법으로 얼마나 유용한가 하는 것을 알기 위해서는 먼저 예기불안이라고 부르는 현상이 무엇인지부터 알아야 한다. 이런 예기불안 때문에 환자는 어떤 일에 대해서 그 일이 다시 일어날 것이라는 생각으로 불안해하는 것이다. 하지만 두려움은 환자가 두려워하고 있는 바로 그 일을 일어나도록 하는 경향이 있으며, 예기불안도 마찬가지이다. 그래서 악순환의 고리가 형성되는 것이다. 어떤 징후가 공포증을 불러 일으키고, 공포증이 다시 그런 징후를 유발한다. 이런 징후가 반복되면서 공포증은 더욱 심해진다. 환자가 누에고치에 갇히게 되는 것이다. 그래서 다음과 같은 재생 매카니즘$^{feedback\ mechanism}$이 만들어진다(그림 8 참조).

    그렇다면 어떻게 이런 악순환의 고리를 끊을 수 있을까? 약물요법을 쓸 수도 있고 정신요법을 쓸 수도 있으며 이 두 가지를 병행할 수도 있다. 증세가 심할 경우에는 반드시 마지막 방법을 써야 한다.*

    약물요법은 갑상선 항진증으로 생기는 고소공포증**이나 파상풍균의 잠복으로 생길 수 있는 폐소공포증***의 초기에 적용할 수 있는 가장 바람직한 치료법이다. 그러나 여기서 한 가지 명심해야 할 것은 그런 증상에 포함되어 있는 유기적인 요인은 약간의 불안증세만을 유발하는 반면에 이미 진행될 대로 진행된 불안증은 예기불안이 작동을 하지 않는 한 더 이상 악화되지 않는다. 따라서 악순환의 고리를 끊으려면 생체조직적인 측면은 물론, 정신적인 측면에 대한 치료도 똑같이 해주어야 한다. 그리고 정신적인 측면은 반드시 역설 의도를 이용해 치료해야 한다.

치료에 역설 의도를 적용하면 어떻게 되는가? 환자가 두려워하고 있는 바로 그 일을 환자가 스스로 하도록 하거나 혹은 그런 일이 또 일어나기를 바라도록 하면 환자의 의도가 다른 방향으로 전환된다. 병적인 공포가 역설적인 소망으로 바뀌는 것이다. 그와 같은 이유로 예기불안이라는 항해에 바람이 빠지는 것이다.

앞에서 의도의 전환에 대해 얘기했는데, 그렇다면 공포증에 걸린 환자 쪽의 의도는 무엇일까? 그것은 불안을 일으킬 수 있는 상황을 피하려는 것이다. 로고테라피에서는 이것을 공포로부터의 도피라고 말한다. 이런 현상은 다음과 같은 사례에서 볼 수 있다. 예를 들어 불안 그 자체가 공포의 목표가 될 경우, 즉 환자 스스로가 '공포에 대한 공포'라고 말하는 경우를 예로 들 수 있다. 환자는 그것이 실신이든 협심증의 발작이든 혹은 뇌일혈이든 상관없

---

* 《The Doctor and Soul》, pp. 248 ff. 이 책의 역설 의도에 관한 장에서 자세하게 다룬 그런 증상들을 말한다.
** Viktor E. Frankl, 〈Psychische Symtome und neurotische Reaktionen bei Hyperthyreose〉, 《Medizinische Klinik》 51 : 1139, 1956.
*** 나는 일찍이 빈 종합병원 신경과에서 일하면서 이런 증상의 생리학적 기원에 관해 연구해 그 결과를 발표한 바 있다. 우연히 최초의 신경안정제가 유럽 대륙에서 개발되었다. 그것은 1959년에 내가 직접 개발했으며(Viktor E. Frankl, 〈Zur Behandlung der Angst〉, 《Wienner Medizinische Wochenschrift》 102, 535, 1952) 일종의 특수요법으로 이런 폐소공포증의 약물요법에 사용되었다 (〈Über somatogene Pseuduneurosen〉, 《Winner Klinische Wochenschrift》 68 : 280, 1956).

이 그 공포에 잠재되어 있는 결과를 두려워한다. 로고테라피의 가르침에 의하면 공포로부터의 도피는 병을 일으키는 원인이 된다.* 보다 구체적으로 말하면 공포증이 된다. 하지만 환자가 두려움을 느끼는 상황과 대면하도록 함으로써 공포증으로 발전하는 것을 미연에 방지할 수 있다.

이 점을 보다 구체적으로 설명하기 위해 내 자신의 경험을 예로 들어 보겠다. 안개 끼고 비가 오는 날, 암벽 등반을 하다가 같이 등반하던 친구가 밑으로 떨어지는 것을 보았다. 그 친구는 거기에서 밑으로 6백 피트나 되는 곳에서 발견되었지만 사고에서 무사히 살아남았다. 그로부터 2주 후, 나는 가파른 산 절벽에 위치한 같은 코스로 다시 등반을 갔다. 우연이었겠지만 사고가 있었던 날처럼 안개가 끼고 비가 뿌렸다. 하지만 나는 일전에 받은 정신적 충격에도 불구하고 그 상황에 도전했으며, 이렇게 해서 영구적인 정신 장애를 남길 수 있는 엄청난 충격을 극복할 수 있었다.

공포로부터 도피와 함께 병의 원인이 되는 유형이 두 가지 더 있다. 쾌락을 얻기 위해 전력투구하는 것과, 집착증이나 강박증과 싸우는 것이다. 쾌락을 얻기 위해 전력투구하는 것은 과도하게 쾌락을 얻으려는 의도와 같은 것인데, 성적인 문제와 관련된 신경증

---

* Viktor E. Frankl, 〈Angst und Zwang, Zur Kennmis pathogener Reaktionsmuster〉, 《Acta Psychotherapeutica》 1 : 111, 1953.

중에서 가장 대표적인 것 중의 하나이다. 집착이나 강박 관념과의 싸움은 강박증의 원인이 된다. 강박증으로 고생하고 있는 환자들은 그들 자신이 자살을 하거나 남을 죽일지도 모른다는 생각 혹은 자신들을 괴롭히고 있는 이상한 생각들이 어쩌면 심각한 정신병의 징조(그런 징조가 아직 나타나지 않았다면)일지도 모른다는 생각 때문에 끊임없이 괴로워하고 있다.

다시 말하자면, 그들은 이런 이상한 생각에 잠재되어 있는 결과나 원인을 두려워하고 있는 것이다. 공포로부터 도피하겠다는 생각에서 발생한 공포증은 강박증의 그것과 유사하다. 강박증 환자 역시 공포심을 나타낸다. 하지만 공포는 '공포에 대한 공포'라기보다는 자신에 대한 공포이며, 이에 대한 그들의 반응은 집착이나 강박 관념에 대항해 싸우는 것을 나타난다. 하지만 환자가 열심히 싸우면 증세는 더욱 심해진다. 우리가 만나 본 강박증 환자에게는 공포증에서 볼 수 있는 예기불안에 의해 형성된 순환 고리 말고도, 압박이 그에 대응하는 압박을 만들어내고, 다음에는 거꾸로 그 대응하는 압박이 압박감을 더욱 가중시키는 것이다. 만약 환자로 하여금 강박 관념을 상대로 한 싸움을 멈추게 할 수 있다면 - 그리고 이것은 역설 의도를 통해 충분히 가능한 일이다 - 이런 증세는 곧 약화되고 마침내 사라지게 된다. 지금까지 역설 의도의 이론에 대해 이야기했으니 이제는 그 실제에 대해 알아 보기로 하자. 연구보고서를 예로 들어 보겠다. 조지아 대학교의 정신과 교수인 에디트 바이스코프-요엘슨*은 이렇게 말했다.

"나는 내 자신을 포함해서 많은 환자들에게 역설 의도를 적용시켜 보았다. 그 결과 이것이 아주 효과적인 치료법이라는 것을 알게 되었다. 예를 하나 들어 보자. 한 대학생이 나를 찾아와서는 어떤 날 (예를 들어 그것이 금요일이라고 치자) 하기로 되어 있는 구두 발표회 때문에 불안해서 견딜 수 없다고 호소해 왔다. 나는 그 학생에게 달력을 펴 놓고, 발표가 있는 주마다 그 밑에 큰 글씨로 '불안' 이라고 써 넣으라고 했다. 말하자면 그에게 불안한 주를 미리 계획하도록 한 것이다. 이렇게 하고 나서 그는 훨씬 편안함을 느꼈다. 왜냐하면 이제는 불안 그 자체 때문에 괴로울 뿐이지 불안에 대한 불안 때문에 괴로운 것은 아니기 때문이다."

역설 의도의 또 다른 사례로는 다음과 같은 것이 있다.

자기 집 밖으로 나가는 것을 거부하는 환자가 있었다. 집 밖에 나갈 때마다 혹시 길거리에서 쓰러지지 않을까 하는 두려움을 느끼기 때문이다. 집 밖으로 나가려고 시도할 때마다 몇 발짝 못 가서 그냥 집으로 들어오곤 했다. 두려움으로부터 도망을 친 것이

---

* Edith Weisskopf-Joelson, 〈The Present Crisis of Psychotherapy〉, 《The Journal of Psychology》 69 : 107-115, 1968.

다. 그러다가 내가 일하는 정신과로 오게 되었다. 우리 의료진들은 정밀검사를 실시했다. 그리고 그 결과 심장에 아무런 이상이 없다는 것이 확인되었다. 의사 중 한 사람이 그에게 그 사실을 알려 주었다. 그리고 그에게 거리로 나가 심장발작이 일어나도록 애를 써 볼 것을 권했다. 의사가 이렇게 말했다.

"자기 자신에게 이렇게 말하십시오. 어제는 심장발작이 두 번 일어났어. 지금은 이른 아침이니까 오늘은 세 번 충분히 일어날 수 있을 거야. 이렇게 얘기하십시오. 스스로 멋진 발작을 일으킬 수 있을 거라고 얘기하는 겁니다."

이렇게 해서 그 환자는 자기 자신을 가두고 있던 고치를 깨고 밖으로 나올 수 있었다.

역설 의도가 만성적인 질환에 효과가 있다는 증거도 있다.[*] 독일의 정신요법 백과사전[**]에 보면 60년 동안 끊임없이 손을 씻어야 하는 강박증에 시달려 온 65세의 노부인에 대한 기록이 나온다. 우리 의료진 중 한 사람이 역설 의도를 이용해서 이 증세를 성

---

[*] H. O. Gerz, 〈The Treatment of the Phobic and Obssessive, Compulsive Patient Using Paradoxical Intention Sec. Viktor E. Frankl〉, 《Journal od Neuropsychiatry》 3 : 375, 1962.
[**] K. Kocourek, E. Niebauer and P. Polak, 〈Ergebhisse der klinischen Anwendung der Logotherapie〉, 《Handbuch der Neurosenlehre und Psychotherapie》, Munich, Berlin, 1959, Vol 3, p. 752.

공적으로 치료했다.

워싱턴 대학교 정신의학과 교수인 랄프 빅터와 캐롤린 크러그는* 《미국 정신치료학지》에 도박환자에게 역설 의도의 기법을 적용한 사례를 발표했다. 36세의 이 환자는 열네 살 때부터 도박을 해왔다고 한다. 그런데 이 환자가 의사로부터 매일 세 시간씩 특정한 시간에 도박을 하도록 하라는 권유를 받고는 다음과 같이 털어 놓았다.

> "지난 20년 동안 정신과 의사를 다섯 명이나 거쳤지만 이렇게 독창적인 방법으로 내 문제에 접근하는 것은 이번이 처음이었고, 여기에서 깊은 인상을 받았습니다."

환자는 돈을 잃었고, 3주 만에 가지고 있던 돈을 모두 날렸다. 하지만 로고테라피 치료 의사는 그에게 시계를 팔아서 도박 비용을 댈 것을 권유했다. 실제로 이렇게 역설 의도를 적용해 치료를 함으로써 환자는 20여 년 만에 처음으로 병으로부터 해방될 수 있었다.

레헴브르는 네덜란드의 위트레흐트와 네이메젠 대학교 정신과와 소아과에서 어린 아이들을 대상으로 역설 의도를 시험했는데,

---

*Ralph G. Viktor and Carolyn M. Krug, 〈Paradoxical Intention in the Treatment of Compulsive Ganbling〉, 《American Journal of Psychotherapy》 21: 808, 1967.

대부분의 경우 그 결과가 성공적이었다. 벨기에의 《신경학과 정신의학의 실상》*에 발표한 보고서에서 그는 오직 하나의 사례에서만 증세가 다른 증세로 대체되는 결과를 보였을 뿐이라고 발표했다.

스바도스츠에 의하면 소련에서도 역설 의도가 "공포증과 예기불안 신경증의 치료에 적용되어 큰 성과를 보였다"고 한다.

야스퍼스가 "새로운 것은 진실한 것에 대항한다"는 말을 했는데, 이것은 정신요법의 경우에도 적용될 수 있다. 의도적인 것은 아니었지만 역설 의도는 그 전에도 늘 존재해 왔었다. 서독 마인츠 대학의 정신의학부의 한 교수가 의도하지 않은 역설 의도의 사례를 나에게 들려 주었다.

그가 중학교에 다닐 때 반에서 연극을 공연하기로 되어 있었다고 한다. 극 중에 말더듬이가 나오는데, 그 역을 실제로 말을 더듬는 아이에게 맡기기로 했다. 하지만 그 아이는 곧 그 역을 포기해야 했다. 막상 무대에 서자 아무리 애를 써도 말을 더듬을 수 없다는 사실이 밝혀졌기 때문이다. 그래서 다른 아이에게 그 역을 넘길 수밖에 없었다. 다음은 자기도 모르게 역설 의도를 적용한 예다. 한 미국 학생이 내 앞에서 시험을 보게 되었는데, 바로 그 자리에서 그는 자신의 경험을 통해 역설 의도를 설명했다.

---

*J. Lehembre, 〈L'intention Paradoxale, procédé de psychothérapie〉, 《Acta Neurolosica et Psychiatrica Belgica》 64 : 725, 1964.

"다른 사람과 함께 있으면 저는 늘 배가 꾸르륵거렸습니다. 제가 그렇게 하지 않으려고 하면 할수록 더 꾸르륵거렸지요. 그래서 곧 생각을 고쳐먹고 배가 그러는 것을 당연한 것으로 받아들이기로 했습니다. 그런 증상이 앞으로 세상을 살아가는 동안 줄곧 나를 따라 다닐거라고 생각했습니다. 그런 증상과 더불어 살기 시작하면서 다른 사람에게 그것을 얘기하고 그것에 대해 농담까지 하는 정도가 되었습니다. 그랬더니 그런 증상이 말끔히 없어지고 말더군요."

여기서 강조하고 싶은 것은 그 학생이 자기 증상에 대해 유머러스한 태도를 취했다는 사실이다. 실제로 역설 의도는 그 사람이 최대한 유머러스한 태도를 취한 만큼 효과를 나타낸다. 유머는 전적으로 인간에게서만 찾아볼 수 있는 현상이다.* 짐승들은 절대로 웃을 수 없다. 무엇보다도 중요한 것은 유머가 인간으로 하여금 균형 잡힌 시각을 갖게 하고 자기 앞에 어떤 것이 놓여 있든지 그것과 자기 자신 사이에 거리를 두고 바라볼 수 있도록 해준다는 것이다. 마찬가지로 유머는 인간으로 하여금 자신으로부터 자기를 분리시킬 수 있도록 하고, 그렇게 함으로써 자신을 완전히 통제할 수 있는 능력을 갖도록 해 준다. 자기 자신을 분리시킬 수 있는 인간의 능력을 사용하도록 하는 것이 바로 역설 의도의 근본적인 성과이다. 이 말을 마음 속에 새기면 콘라트 로렌츠**가 최근에 펴낸 책에서 했던 "우리는 아직도 유머를 충분히 진지하게 다루고 있지 않다"라는 말이 더 이상 진실이 아닌 것처럼 보인다.

하버드 대학에서 유머를 주제로 한 논문을 읽고 났을 때, 앨포트 씨가 아주 중요한 질문을 던져 왔다. 역설 의도 기법에 특징인 건전한 의미의 유머가 모든 환자들에게 똑같이 유용한 것인가 하는 질문이었다. 그래서 나는 원칙적으로 모든 사람은 인간다움이라는 것으로 인해 자기를 자신으로부터 분리시킬 수 있으며, 자기 자신에 대해 우스개 소리도 할 수 있다고 대답했다. 그러나 자기 자신을 분리시킬 수 있는 인간의 능력과 건전한 유머 감각이 운용되는 정도에는 사람에 따라 차이가 있을 수 있다. 여기에 그런 능력이 아주 부족한 사람의 예를 들어 보겠다.

우리 정신과에 남자 환자가 한 명 있었다. 그는 박물관의 경비원이었는데, 누군가가 미술품을 훔쳐가지 않을까 하는 공포 때문에 일을 할 수가 없을 정도였다. 우리 의료진들과 함께 회진을 할 때 나는 그에게 역설 의도를 시험해 보았다.

"자기 자신에게 이렇게 말해 보세요. 그 사람들이 어제 램브

---

* 역설 의도에 대해 얘기할 때, 다음과 같은 우스개 소리를 예로 드는 것도 괜찮을 것 같다. 학교에 지각을 한 한 학생이 선생에게 변명을 했다. 얼어붙은 길이 너무 미끄러워서 한 발자국 앞으로 가려고 하면 미끄러져 뒤로 두 발자국 가게 되었다는 것이 학생의 변명이었다. 이 말에 선생이 반박했다. "네가 거짓말을 하고 있다는 것을 알았어. 만약 그 말이 사실이라면 너는 절대로 학교에 올 수 없었을 거야." 이 말에 학생이 조용히 대답했다. "어째서 못 왔다는 겁니까? 그 자리에서 바로 뒤로 돌아 집 쪽으로 가려고 했는 걸요." 이것이 바로 역설 의도가 아니고 무엇이겠는가? 학생이 본래의 의도를 뒤집는 것을 통해 바라던 바를 이룬 것이 아닌가?

** Konrad Lorenz, 《On Aggretion》, Bantam Books, New York, 1967, p. 284.

란트의 작품을 훔쳐갔고, 오늘은 램브란트와 반 고호의 작품을 훔쳐갈 것이라고 말입니다."

그러자 그는 나를 빤히 바라보기만 했다.

"하지만 박사님. 그건 법에 어긋나는 것이랍니다."

역설 의도를 이해하기에는 이 남자의 마음이 너무 약했던 것이다. 이런 점에 있어서 역설 의도, 더 나아가 로고테라피도 예외가 아니다. 정신요법은 어느 종류의 정신요법이든지 모든 환자에게 똑같은 정도의 효과를 나타내지 않는다는 것이 법칙이다. 더 나아가 모든 정신과 의사들이 똑같은 정도의 능숙함을 가지고 정신요법의 모든 테크닉을 구사할 수 있는 것도 아니다. 어떤 주어진 사례에서 선택의 방법은 두 개의 미지수를 가진 등식과 같다.

$$\psi = x + y$$

첫번째 미지수는 환자의 성격적 특성을 나타낸다. 두번째 미지수는 의사의 성격적 특성을 나타낸다. 어떤 종류의 정신요법을 쓸 것인가를 선택하는 과정에서 이 두 개의 미지수가 반드시 고려되어야 한다. 이것은 다른 정신요법뿐만 아니라 로고테라피에도 마찬가지로 적용되는 것이다.

로고테라피는 만병통치약이 아니다. 이 점에 있어서는 다른 어떤 정신요법도 만병통치약이 될 수 없다. 한 정신분석학자가 자신이 다루고 있는 치료법에 대해 다음과 같이 말한 적이 있다.

"이 테크닉이 내 성격에 맞는 유일한 방법이라는 사실이 입증되었다. 하지만 나는 각기 다른 성격을 가진 의사가 자기 앞에 앉아 있는 환자나 자기에게 주어진 과제에 대해 다른 태도를 취해야겠다는 생각을 할 수도 있다는 사실을 감히 부인하지 않겠다."

이 고백을 한 사람은 다름 아닌 지그문트 프로이트였다. 로고테라피가 만병통치약이 아닌 이상 이것을 다른 방법, 즉 레더만(최면술*), 바치(슐츠 이후에 발전시킨 이완 훈련**), 크빌하우크(행동요법***), 보르부슈**** 그리고 게르츠(약물요법*****) 등과 같은 정신의학자들이 제창한 방법들과 결합시키는 데에 이의가 있을 수 없다.

한편 역설 의도가 거둔 놀라운 성과는 이것을 단순히 암시의 차원에서만 설명할 수 없게 만든다. 실제로 내 환자들은 역설 의

---

* F. K. Ledermann, 〈Clinical Application of Existential Psychotherapy〉, 《Journal of Existential Psychiatry》 3 : 45, 1962.

** T. Bazzi, Paper read before the International Congress of Psychotherapy, Barcelona, 1958.

*** B. Kvilhaug, 〈Klinische Erfarungen met der logotherapeutischen Technik der paradoxen intention beziehungsweise deren Kombination mit anderen Behandlungs Methoden(Bericht über 40 Fälle)〉, Paper read before the Austrian Medical Society of Psychotherapy, Vienner, July, 18, 1963.

**** H. J. Vorbusch, 〈Die Behandlung schwere Schlafstorungen mit der paradoxen intention〉, Paper read before Austrian Medical Soceity of Psychotherapy, June, 1, 1945.

***** H. O. Gerz, 〈Severe Depressive and Anxiety State〉, 《Mind》 1 : 135, 1963.

도가 쉽게 작동하는 것은 아니지만 결국에는 성공한다는 확고한 신념을 가지고 여기에 응한다. 다시 말하자면 암시 때문에 성과를 거두는 것이 아니라 암시임에도 불구하고 성과를 거둔다고 하는 것이 더 정확한 표현이 될 것이다.

베네딕트*는 암시에 반응하는 환자들의 감수성을 알아 보기 위해 종합 테스트를 실시했다. 그 결과 암시에 대한 환자들의 감수성이 일반인들보다 떨어지는 것으로 나타났다. 하지만 그런 사람들에게도 역설 의도는 성과가 있었다.

게르츠**, 렙젤테론, 트위디***는 역설 의도가 설득과 혼동되어서는 절대로 안 된다는 것을 입증했다. 그러나 어떤 경우는 설득이 선행되지 않고서는 역설 의도를 시작할 수가 없다는 것이 나의 주장이다. 특히 모욕적인 언동에 집착을 보이는 증세에 대해서는 특히 그렇다. 그런 증상을 치료하기 위해서 특수한 로고테라피

---

* Fritz Benedikt, 〈Zur Therapie angst und zwangsheurotischer Symtome mit Hilfe der 'Paradoxen Intention' und 'Dedeflexion' nach V. E. Frankl〉, 《Dissertation》, University Munich Medical School. 1966.

** H. O. Gerz, 〈The Treatment of the Phobic and the Obsessive-Compulsive Patient Using Pardoxical Intention Sec. Viktor E. Frankl〉, 《Journal of Neuropsychiatry》 3 : 375, 1962.

M. O. Gerz, 〈Experience with the Logotherapeutic Technique of Paradoxical Intention in the Treatment of Phobic and Obsessive-Compulsive Patients〉 1964년 런던에서 거행된 제6차 국제 정신요법대회의 로고테라피 심포지엄 석상에서 연구 논문이 발표되었다. 《American Journal of Psychiatry》 123 : 548, 1966.

*** D. F. Tweedie, 《Legotherapy and the Christian Faith : An Evaluation of Frankl's Existential Approach to Psychotherapy》, Baker Book House, Grand Papids, Michigan, 1961.

D. F. Tweedie, 《The Christian and the Couch : An Introduction to Chritian Logotherapy》, Baker Book House, Grand Rapids, Michigan, 1963.

의 테크닉이 개발되어 있다.* 역설 의도 기법을 직접 실행해 보고 그 연구 결과를 발표한 대부분의 학자들은 역설 의도가 단기간에 효과를 거두는 요법이라는 사실에 동의하고 있다.《미국 정신요법 저널》의 전 편집장인 에밀 구테일**은 다음과 같이 썼다.

"치료 결과의 지속성이 치료에 걸린 기간과 비례한다는 '가설'은 정통 프로이트 학파가 범하고 있는 오류 중의 하나이다."

그런가 하면 독일 정신요법의 원로인 슐츠***는 다음과 같이 주장했다.

"어떤 증상이 없어지고 나면 그 뒤에 반드시 그와 대체되는 다른 증상이 나타난다는 주장은 전혀 근거가 없는 것이다."

정신분석학자인 에디트 바이스코프-요엘슨**** 역시 로고테

---

* Viktor E. Frankl,《The Doctor and the Soul : From Psychotherapy》, Alfred A. Knopf, New York, 1965, p. 239.
** E. A. Gutheil, 〈Proceedings of the Association for the Advancement of Psychotherapy〉,《American Journal of Psychotherapy》10 : 134, 1956.
*** J. H. Schultz, 〈Analytische und organismische Psychotherapie〉,《Acta Psychothrapeutica》1 : 33, 1953.
**** Edith Weisskopf-Joelson, 〈Some Comments on a Viennese School of Psychiatry〉,《Journal of Abnormal and Social Psychology》51 : 701, 1955.

라피에 관한 논문에서 똑같은 견해를 피력했다.

"정신분석 교육을 받은 치료사들은 로고테라피와 같은 방법을 가지고는 진정으로 향상된 성과를 거둘 수 없다고 말할 것이다. 왜냐하면 치료사들이 '보다 깊은' 곳에 자리 잡고 있는 병은 그대로 남겨둔 채 병에 대한 방어벽을 세우고 강화하는 데에만 국한하고 있기 때문이라는 것이다. 하지만 그런 결론은 위험한 것이다. 그들은 우리들로 하여금 정신 건강에 중요한 요소가 무엇인지 인식하지 못하도록 만든다. 왜냐하면 이런 요소들이 그들이 내세우는 특수한 이론적 구조에 맞지 않기 때문이다. 우리는 '방어' 라든가 '심층에 깔린 것' 그리고 '근본적인 병인의 표면적인 단계에 대한 적절한 기능' 과 같은 개념이 경험적인 관찰에서 나온 것이라기보다는 순전히 이론적인 개념이라는 사실을 잊어서는 안 된다."

이와 대조적으로 역설 의도에 의해서 얻어진 결과는 경험적 관찰이라고 불릴 만한 자격이 충분히 있다.

또 다른 정신분석학자인 입실란티 주립병원의 글렌 골로웨이는 역설 의도가 '잠재적인 갈등' 을 해결할 수는 없다고 주장한다. 그러면서도 그는 하지만 "이 때문에 역설 의도가 효과적인 치료법이 아니라고 말할 수는 없다"고 얘기하고 있다. 수술로 병든 담낭을 제거한 것이지 치료한 것이 아니라는 말이 외과 수술을 모독하는 것은 전혀 아니다. 어쨌든 환자는 호전되었으니까."

하버드 대학교 의과대학의 정신과 교수인 레스톤 하벤스*는 다음과 같이 말했다. "그렇다면 역설 의도가 하는 일은 무엇일까?'라는 질문을 스스로에게 던진 다음, 우리에게 '낯익은 용어', 즉 '정신역학적인 용어'를 써서 이렇게 대답했다. "환자는 금지되어 있는 충동의 짐을 벗어 놓을 것을 권유받는다. 허락을 받는 것이다. 보다 구체적으로 얘기하자면 금지를 풀어 주는 것이다. 정확하게 환자의 금지 사항이 풀렸다고 말해 주는 것이다. 프랭클 박사가 권하고 있는 것은 과거의 용어로 말하자면 초자아의 완화에 해당된다. 의사는 환자에게 보다 너그러운 마음을 갖도록 하기 위해 중재를 한다. 이것이 환자의 가치 기준과 이상에 영향을 미친다. 이상이 부족한 환자에게 프랭클은 새로운 이상을 찾도록 도와준다. 이상이 지나치게 커서 고생하는 환자에게는 그것을 바꾸어 주려고 노력한다."

이런 이유로 많은 정신분석가들이 역설 의도를 자기들의 치료에 효과적으로 이용하고 있다. 이 분야에 종사하고 있는 사람들 중에서 몇몇은 이런 성과를 정신역학의 용어로 설명하려고 한다.** 그 밖에 다른 사람들, 즉 뮐러 헤게만***과 같은 사람은 역

---

*Leston L. Havens, 〈Paradoxical Intention〉, 《Psychiatry & Social Science Review》 2 : 2, 1968, pp. 16-19.

설 의도를 '신경 생리학적인 접근법'으로 설명하고 있다. 그는 "지난 몇 년간 공포증 때문에 고생하는 환자들에게서 좋은 성과를 볼 수 있었다. 따라서 역설 의도가 좋은 점이 아주 많은 치료법이라고 생각하게 되었다"라고 말했다. 다시 한번 말하지만 로고테라피와는 다른 이론을 고수하는 의사들까지도 자신들의 치료 방침에 역설 의도를 포함시키고 있다는 점을 주목해야 할 것이다.

그 동안 로고테라피를 적용할 수 있는 증상이 무엇인지 밝히려는 시도가 계속되어 왔다. 미국 코네티컷 밸리 병원장인 게르츠는 역설 의도가 공포증과 강박증 치료에 탁월한 효과가 있다고 생각했다. 역설 의도는 증세가 심한 환자의 단기 치료에 도움이 많이 된다.****

게르츠의 통계조사에 따르면 "… 전체 환자의 88.2퍼센트가 병이 치료되었거나 상당한 호전을 보였다. 환자의 대부분이 최고 24년 동안 병으로 고생한 사람들이었다. … 몇 년 동안 병을 앓아

** Viktor E. Frankl, 《Psychotherapy and Existentialism : Selected Papers on Logotherapy》, Washington Squre Press, New York, 1967.
 H. O. Gerz, 〈The Treatment of the Phobic and the Obsessive-Compulsive Patient Using Paradoxical Intention Sec. Viktor E. Frankl, 《Journal of Neuropsychiatry》 3 : 375, 1962.
*** The director of the Neuropsychiatric Clinic of Karl Marx University in Leipzig East Germany. 그의 다음 논문 참조. 〈Methodological Approaches in Psychotherapy〉, 《American Journal of Psychotherapy》 17 : 554, 1963.
**** H. O. Gerz, 〈Experience with the Logotherapeutic Technique of Paradoxical Intention in the Treatment of Phobic and Obsessive Compulsive Patients〉, 1964년 런던에서 거행된 제6차 국제 정신요법 대회의 로고테라피 심포지엄에서 연구 논문이 발표되었다. 《American Journal of Psychiatry》 123 : 548, 1966.

온 사람들은 회복되기까지 일주일에 두 번씩 12개월의 치료기간이 필요했다. 몇 주나 혹은 몇 달 동안 병을 앓아 온 증세가 심한 환자들은 대부분 4회에서 12회에 걸친 치료에서 역설 의도에 반응을 보였다."*

게르츠 박사는 다음과 같은 말을 덧붙였다.

"… 수년 동안 정신분석 훈련을 받은 정신과 의사들이 시도도 해 보지 않은 상태에서 무조건 역설 의도에 편견을 갖거나 이것을 거부하는 경향이 있는 것은 이해할 만하다."

역설 의도에 대한 거부감, 말하자면 로고테라피에 대한 거부감은 어떤 학파에 대한 충성이나 복종과 같은 정서적 기반에서 유래하는 것이다. 하지만 이런 종파주의자들은 프로이트 자신이 했던 다음과 같은 충고를 명심해야 한다.

"천재의 위대성에 경의를 표하는 것은 물론 훌륭한 일이다. 그러나 사실에 대해서는 그것보다 훨씬 많은 경의를 표해야 한다."**

로고테라피와 역설 의도를 적용할 수 있는 증세를 결정하는 것도 중요하지만 이것을 적용해서는 안 되는 증상이 무엇인지 정하는 것은 이것보다 훨씬 중요하다. 역설 의도는 정신병적 우울증에는 엄격하게 금지되어 있다. 이런 환자들을 위해서는 특별한 로

---

* H. O. Gerz, 〈The Treatment of the Phobic and the Obsessive-Compulsive Patient Using Paradoxical Intention Sec. Viktor E. Frankl〉, 《Journal of Neuropsychiatry》 3 : 375, 1962.
** Sigmund Freud, 《Wiener medizinisc Wochenschrift》, 1889.

고테라피 치료 기법이 개발되어 있는데, 그 기법의 원리는 자기 비난self-accusation으로 고생하고 있는 환자의 죄의식을 경감시켜 주는 것이다.* 이런 자기 비난 현상을 보고, 환자가 진짜로 죄의식, 즉 '실존적 죄의식'을 느끼고 그 결과 우울증에 걸리게 되었다고 해석하는 것은 실존주의 정신의학의 오류라고 생각한다. 이것은 결과적으로 어떤 일의 결과를 원인으로 돌리는 셈이 되는 것이다. 더 나아가 그런 해석은 환자의 죄의식을 더욱 가중시켜 자살을 시도하는 상태로까지 몰고 간다. 로고테라피에서는 주어진 상황에서 자살을 시도할 위험성이 어느 정도인가를 평가하는 특수한 검사법을 개발했다.

정신분열증 환자의 경우, 로고테라피는 그에 관한 원인적 치료를 전혀 하지 못하고 있다. 그러나 정신요법의 보조요법으로서 반응 억제라고 하는 로고테라피의 기법을 그런 환자에게 사용할 것을 권하고 있다. 《현대 정신요법의 실제》**라는 책을 보면 반응 억제를 어떻게 사용했는가를 보여 주는 정신분열증 환자와 상담 내용이 기록되어 있다. 최근에 버튼***이 다음과 같이 말했다.

---

* Viktor E. Frankl, 《The Doctor and the Soul : From Psychotherapy to Logotherapy》, Alfred A. Knopf, New York, 1965, pp. 261 ff.
** Viktor E. Frankl, 〈Fragments From the Logotherapeutic Treatment of Four Cases〉, 《Modern Psychothrapeutc Practice : Innovations in Technique》, edited by Arthur Burton, Science and Behavior Books, Palo Alto, California,1965.
*** Arthur Burton, 〈Beyond Transference〉, 《Psychotherapy : Theory, Research and Practice》 1 : 49, 1964.

"지난 50년간, 정신 치료학은 환자의 내밀한 개인사를 맹목적으로 숭배해 왔다. 고질병이라고 생각되던 히스테리에 대한 프로이트의 놀라운 치료법은 우리로 하여금 모든 환자에게서 그와 유사한 충격의 경험을 찾도록 만들었으며, 통찰력을 하나의 치료법으로, 오직 그것을 통해서만 병을 고칠 수 있는 치료법으로 물화(物化)시켜 버리고 말았다."

그러나 신경 질환이나 심지어는 정신병이 정신역학적 가설의 견지에서 그런 병을 일으킨다고 여겨지는 어떤 원인에 의해 발생한다고 가정할지라도 로고테라피는 인과관계를 따지지 않는 치료법으로서 그 진가를 인정받을 수 있다.* 환자에게 실존적 공허가 있는 한 증상은 나타나게 되어 있다. 크럼보우**가 말한 것처럼 "로고테라피가 대부분의 치료법들, 특히 분석의 방법을 통해 이루어지는 치료법의 한계를 뛰어넘어 존속하는 이유가 바로 여기에 있다. 확고한 목표를 세우고 실천하지 않는 한 치료법은 무의미한 것이다. 왜냐하면 병의 원인은 그대로 남아 얼마 안 있어 증세가 다시 재발하기 때문이다.

---

* Edith Weisskopf-Joelson, 〈Some Comments on a Viennese School of Psychiatry〉, 《Journal of Abnormal and Social Psychology》 51 : 701, 1955 ; 〈Logotherapy and Existential Analysis〉, 《Acta Psychotherapeutica》 17 : 554, 1963.
** J. C. Crumbaugh, 〈The Application of Logotherapy〉, 《Journal of Existentialism》 5 : 403, 1965.

어떤 학자들은* 실존적 정신의학 분야에서는 로고테라피가 정신요법의 테크닉을 발전시킨 유일한 학파라고 주장한다. 더 나아가 로고테라피가 정신요법에 새로운 지평을 열어 주었다고 얘기하기도 한다. 말하자면 정신요법에다 독특하게 인간적인 요소를 첨가시켰다는 것이다. 실제로 인간에게만 있는 두 가지 특성, 즉 자기 초월 능력과 자기 분리 능력이 반응 억제와 역설 의도라는 로고테라피 기법에 동원되었던 것이다.

서독 마인츠 대학교 정신과의 페트릴로비츠 교수는 이 두 가지 로고테라피 테크닉이 그토록 놀라운 성과를 거둘 수 있었던 것은 로고테라피가 단순히 신경 질환의 차원, 즉 역학이나 조건반사적 차원에 머물러 있지 않기 때문이라고 얘기하고 있다. 행동요법과는 대조적으로 로고테라피는 환자를 본래의 상태로 돌려 놓는 것에 만족하지 않고, 인간적인 차원에서 문을 열고, '병고에 시달리는 인간'에게 유용한 자원들을 끌어들인다. 폴 존슨**도 아마 이런 생각을 가지고 다음과 같은 말을 했을 것이다.

"로고테라피는 다른 치료법들과 적대적인 관계에 있는 것이 아니

---

* Joseph Lyons, 〈Existential Psychotherapy : Fact, Hope, Fiction〉, 《Journal of Abnormal and Social Psychology》 62 : 242, 1961.
** Paul E. Johnson, 〈The Challenge of Logotherapy〉, 《Journal of Religion and Health》 7 : 122, 1968.

다. 그러나 긍정적인 요소를 가지고 있다는 점에서 다른 치료법들에게 하나의 도전이 될 수는 있을 것이다."

의학적 정신 지도

의학적 정신 지도는 로고테라피 치료 중에서 심인성 신경증이나 noological 신경증이 아닌 신체적인 요인에서 발생한 신경증을 치료할 때 시행된다. 신체적 요인으로 인한 신경증 중에서도 엄밀한 의미에서 그 신체적인 요인이 치료 불가능한 것일 경우, 즉 문제가 된 신체적인 요인을 제거하는 것이 불가능할 경우에만 로고테라피 치료를 적용한다. 이럴 경우, 그 다음에 남는 것은 자신의 곤경에 대한 환자의 입장, 자신의 시련에 대해 환자가 어떤 태도를 취하느냐 하는 것이다. 다른 말로 하자면 시련의 잠재적 의미를 성취하는 것이다. 하지만 여기서 짚고 넘어가야 할 것은 우선은 병에 대한 원인 치료를 해야만 한다는 것이다. 그리고 이런 원인 치료가 아무 소용이 없을 경우에만 의학적 정신 지도 쪽에서 위안을 찾아야 한다. 그때는 환자로 하여금 자신의 병에 대해 어떤 태도를 취하도록 하는 것이 유일하게 가능한 그리고 필수불가결한 치료법이 된다.

　뉴욕 대학교의 조이스 트라벨리는 이때 의사는 물론이고 간호사에게 부과된 책임과 기회가 무엇인지를 조사했다. 로고테라피의 개념에 기초해서 쓰여진 책에서 그녀는 "환자로 하여금 의미를 찾을 수 있도록 도와 주기 위해 고안된" 방법을 체계화하는 데 성공했다.* 그녀의 "중요한 신념은 인간은 삶의 모든 경험에서 의미를 추구함으로써 동기를 부여받게 되며, 이런 의미는 질병과 시련 그리고 고통의 경험을 통해 발견될 수 있다"는 것이다. 트라벨비 교수의 논의를 따라가기 위해 그녀가 제시한 방법 중의 하나인 '비유를 쓰는 방법'을 인용해 보기로 하겠다.

어떤 환자에게는 특히 비유를 써서 얘기하는 것이 적합한 것처럼 보인다. 이때 간호사는 환자와 서로 관계를 맺으면서 인간이 병을 벗어날 수 없다는 것을 알려 주는 비유를 말하거나 이야기를 들려 준다. 이것에 특별히 유용한 이야기를 들라면 '겨자씨 이야기'를 들 수 있을 것이다.

고타미는 인도에서 태어났다. 그녀는 결혼을 해서 시집 식구들과 함께 살기 위해 시댁으로 갔다. 그리고 아들을 낳았다. 그러나 그 아들이 죽고 말았다. 그녀는 슬퍼하기 시작했다. 그녀는 아들을 안고 약을 구하기 위해 이곳저곳을 찾아다녔다. 사람들이 그녀를 비웃고 조롱했다. 한 남자가 그녀를 불쌍히 여겨 이 세상에서 가장 높

---

* Joyce Travelbee, 《Interpersonal Aspects of Nursing》, F. A. Davis Company, Philadelphia, 1966, p. 171.

은 사람을 찾아가서 도움을 청해 보라고 했다. 그녀는 아들을 데리고 가서 위대한 스승에게 아들을 위한 약을 달라고 했다. 그 스승은 그녀에게 약을 찾아 자기를 찾아온 것은 아주 잘한 일이라고 했다. 그는 시내를 샅샅이 뒤져서 시련이나 죽음의 고통을 겪지 않는 집이 있다면 그 집에서 겨자씨를 얻어 오라고 했다. 그녀는 이 집 저 집 찾아다녔지만 시련을 겪지 않은 집을 찾을 수는 없었다. 그때서야 그녀는 고통을 겪는 것이 자기 아들만이 아니라는 것, 인간이라면 누구나 고통을 겪는 법이라는 사실을 깨달았다.

시련 속에서 의미를 찾아낸 사례로는 아내가 죽은 후 우울증에 걸려 나를 찾아온 늙은 개업의의 경우를 들 수 있을 것이다. 나는 소크라테스의 대화 기법을 이용해 만약 아내 대신 그가 먼저 세상을 떠났다면 어떻게 되었을까 하고 물었다.

"아내가 그것을 어떻게 견디겠어요." 그가 말했다. 이 말에 나는 대답했다.

"보세요. 선생님. 부인께서는 그렇게 큰 시련을 면하셨습니다. 그리고 부인께서 이런 시련을 당하지 않도록 해주신 분이 바로 선생님이십니다. 선생께서는 살아남아서 부인을 애도함으로써 그 대가를 치러야 합니다."*

우리들의 대화가 그로 하여금 시련의 의미를 찾도록 해주었다. 아내를 위한 희생이 그 의미였다.

나는 이 이야기를 미국에서 있었던 한 모임에서 들려 주었다. 그랬더니 한 미국인 정신분석학자가 의미와 가치에 대한 환원주의자들의 접근 방식을 구체적으로 보여 주는 말을 했다. 그 말은 이런 것이었다. "선생께서 하고자 하는 말이 무엇인지는 알만 합니다. 프랭클 박사님. 하지만 만약 선생님의 환자가 그 동안 무의식적으로 아내를 미워해 왔기 때문에 단지 그 이유만으로 아내의 죽음에 그렇게 극심한 고통을 느끼는 것이 분명하다면…"

그때 나는 이렇게 말했다.

"당신이 환자를 침대에 한 500시간 눕혀 놓고 있으면, 어느 순간에 그로 하여금 마치 철의 장막 뒤에 있는 공산주의자들이 자아비판을 하듯 '선생님이 맞아요. 저는 아내를 미워해 왔어요' 라고 고백하도록 만들 수는 있을 겁니다. 하지만 그 순간에 당신은 환자가 이제까지 간직해 온 유일한 보물, 즉 그가 아내와 함께 가꾸어 놓은 자신만의 유일한 사랑과 결혼생활에 대한 기억을 송두리째 빼앗을 수도 있습니다."

필자의 책**에서 나는 의미와 가치의 발견을 일깨워 주기 위해 고안된 로고테라피 치료법에 대해 설명했다. 그것은 내가 이름

---

* Viktor E. Frankl, 《Man's Search for Meaning : An Introduction to Logotherapy》, Washington Square Press, New York, 1963, p. 179.
** Viktor E. Frankl, 《The Doctor and the Soul : From Psychotherapy to Logotherapy》, Alfred A. Knopf, New York, 1965, pp. 277 ff.

붙인 대로 공통 분모의 테크닉이다. 막스 쉘러에 의하면 가치를 매긴다는 것은 곧 가치가 낮은 것보다는 높은 것을 선호한다는 것을 의미한다. 만약 공통 분모가 파악된다면 가치의 등급을 비교하는 것은 쉽다는 것이 나의 주장이다.

인생의 무상함은 앞서 얘기한 인간의 존재가 지니고 있는 세 가지 비극적인 요소 중 하나에 속한다. 그것은 불치병에 걸려 고통과 임박한 죽음에 직면해 있는 환자를 괴롭히는 문제이기도 하다. 이런 경우, 문제는 어떻게 하면 환자에게 다음과 같은 우리의 믿음, 즉 과거는 절대로 잃어버릴 수가 없으며, 모든 것이 창고에 안전하게 저장된다는 믿음을 환자에게 전달하느냐 하는 것이다. 과거는 가장 안전한 존재 양식이다. 지나간 것은 우리에 의해서 과거 속에 저장되고 구출된다.

《현대 정신치료법의 실제》라는 책에는 내가 80세 된 환자와 나눈 상담록이 나온다. 그녀는 치료 성과가 그다지 좋지 않은 암에 시달리고 있었다. 바로 이 때문에 그녀는 좌절에 빠져 있었다. 나는 로고테라피에 관한 강의를 들으러 온 학생들에게 이 사례를 소개했다. 상담에서 내가 하는 질문은 순전히 즉흥적인 것이었는데, 그 내용은 다음과 같다.

프랭클 : 자기 삶을 돌아볼 때 무슨 생각이 드십니까? 인생이 살 만한 가치가 있다고 생각하시나요?

환자 : 그래요. 선생님. 저는 행복한 삶이었다고 얘기해야만 합니다. 인생이 정말로 멋졌지요. 그리고 나에게 그런 삶을 주신 신에게 감사해야 합니다. 저는 극장에도 가고 음악회에도 가고 그 밖에 여러 곳에 갔습니다. 제가 수십 년 동안 가정부로 일하고 있던 집의 가족들과 함께 그런 곳에 갔습니다. 처음에는 프라하에서 그 다음에는 빈에서 일했지요. 이런 모든 좋은 경험들을 할 수 있도록 해 준 은혜에 대해 신에게 감사하는 마음을 가지고 있어요.

나는 그녀가 자기 삶의 궁극적 의미에 대해 전적으로 회의를 품고 있다는 것을 알 수 있었다. 그래서 나는 그녀의 의문을 통해 그녀를 조종하기를 원했다. 그러나 그보다 먼저 그 의문들을 일깨워 줄 필요가 있었다. 그런 다음 그 의문들과 씨름할 것이다. 성경에서 야곱이 천사가 축복을 해 줄 때까지 그를 잡고 늘어진 것처럼. 바로 이런 방법으로 나는 내 환자의 억제된, 무의식 속에 감추어져 있는 실존적 좌절과 씨름해서 그녀가 마침내 그 모든 좌절에도 불구하고 자신의 삶을 '축복하고' 그것에 대해 '예스'라고 말할 수 있게 되기를 원했다. 따라서 나의 임무는 그녀의 회의를 억압하기보다는 그녀가 의식적으로 삶의 의미에 대한 의문을 갖도록 하는 것이었다.

프랭클 : 훌륭한 경험을 했다고 말씀하셨습니다. 하지만 이제는 그

모든 것이 끝났습니다. 그렇지 않습니까?

환자 : (생각에 잠기더니) 그래요. 모든 것이 끝났지요.

프랭클 : 그러면 이제는 부인의 삶에 있었던 그 모든 훌륭한 것들이 없어질 수 있다고 생각하십니까?

환자 : (이번에는 더 깊이 생각하더니) 그 모든 훌륭한 것들이…

프랭클 : 얘기해 보세요. 어떤 사람이 부인께서 경험했던 행복을 취소할 수 있다고 생각하십니까? 어떤 사람이 그것을 지워버릴 수 있을까요?

환자 : 아니요. 선생님. 어느 누구도 그것을 지울 수는 없지요.

프랭클 : 혹은 어떤 사람이 부인이 세상을 살아가면서 입었던 은혜를 지울 수 있을까요?

환자 : (점점 감정의 동요를 겪는 것 같이) 아무도 그것을 지울 수 없습니다.

프랭클 : 부인께서 성취해 놓고 이루어 놓은 것은요?

환자 : 아무도 지울 수 없어요.

프랭클 : 그렇다면 부인께서 용감하고 정직하게 견디었던 시련은 어떻습니까? 어떤 사람이 그것을 이 세상에서 없앨 수 있을까요? 부인께서 간직하고 있는 과거로부터 그것을 지울 수 있을까요?

환자 : (이번에는 감동의 눈물을 흘리며) 어느 누구도 지울 수 없어요. (잠시 동안 침묵하더니) 제가 고통을 엄청나게 많이 겪은 것은 사실입니다. 하지만 제가 겪어야 할 고통은 용기 있게 그리고 꿋

꿋하게 견디려고 노력했습니다. 아시다시피 선생님. 저는 제 시련을 하나의 형벌로 여기고 있어요. 나는 신을 믿습니다.

로고테라피 그 자체는 임상적인 문제에 접근하는 세속적인 방법이다. 하지만 만약 환자가 종교적인 신념을 가지고 있다면 그의 종교적 신념을 치료에 활용해 그를 영적인 자원을 끌어내는 것을 굳이 반대할 이유는 없다고 생각한다. 이런 목적을 위해 로고테라피 치료사들은 자기 자신을 환자의 입장에 놓아야 한다. 바로 이 순간에 나도 이런 태도를 취했다.

프랭클 : 하지만 때로는 시련이 하나의 도전이 될 수는 없을까요? 하나님이 아나스타샤 코레크가 얼마나 시련을 잘 견디는지 보고 싶어한다고 생각할 수는 없을까요? 그리고 아마 하나님은 "그래. 네가 참 용감하게 견디고 있구나"라고 말했을 겁니다. 그러니 이제 제게 말해 주세요. 어떤 사람이 부인께서 이룩한 그런 종류의 성취와 성과를 이 세상에서 없앨 수 있을까요? 코레크 부인?
환자 : 어떤 사람도 절대로 그럴 수 없어요.
프랭클 : 그것은 그대로 남아 있는 겁니다. 그렇지 않습니까?
환자 : 맞아요.
프랭클 : 그런데 부인께서는 자녀가 없지요.
환자 : 네. 없습니다.

프랭클 : 부인께서는 자식이 있어야만 성공한 인생이라고 생각하십니까?

환자 : 만약 아이들이 착하다면 그것이 어찌 축복이 아니겠어요?

프랭클 : 물론 그렇지요. 하지만 부인. 이걸 잊어서는 안 됩니다. 임마누엘 칸트 같은 위대한 철학자도 자식이 없었습니다. 하지만 칸트의 인생이 정말로 의미 있는 인생이었다는 것에 대해 감히 이의를 제기할 사람이 어디 있겠습니까? 만약 자식이 삶의 유일한 의미라면 삶은 무의미해질 겁니다. 왜냐하면 그것 자체가 무의미한 어떤 것을 낳는다는 것은 정말로 가장 무의미한 일이기 때문입니다. 우리 삶에 있어서 중요한 것은 어떤 것을 성취하는 것입니다. 부인은 시련에 최선을 다 했습니다. 부인은 부인께 주어진 시련을 견디는 방법을 통해 우리 환자들에게 하나의 본보기를 보여 주셨습니다. 저는 부인께서 이런 성과를 거둔 것에 대해 축하를 드립니다. 그리고 이런 사례를 볼 수 있는 기회를 얻게 된 다른 환자들에게도 축하를 보냅니다.

(이때부터는 학생들에게 얘기하기 시작한다) 이 사람을 보십시오! (관중석에서 동시에 박수가 터져 나왔다) 코레크 부인. 이 박수는 부인께 보내는 것입니다. (그녀가 울기 시작했다) 이 박수는 위대한 성과를 올린 부인의 인생에 보내는 것입니다. 그것을 자랑스럽게 생각하셔야 합니다. 코레크 부인. 자기 삶에 대해 자부심을 갖지 못하는 사람들이 얼마나 많은지 아십니까? 저는 부인의 삶이 기념

비적인 것이었다고 얘기하지 않을 수 없습니다. 그리고 어느 누구도 그것을 이 세상에서 빼앗아 갈 수는 없습니다.
환자 : (평정을 되찾으며) 프랭클 박사님. 박사님의 말씀이 위로가 되었습니다. 그 말이 정말로 제 마음을 편안하게 해주는군요. 저는 그 동안 이런 종류의 말을 들을 기회가 한 번도 없었습니다(그녀는 천천히 그리고 조용히 강의실을 떠났다).

그녀는 확실히 안정을 얻은 것 같았다. 그로부터 일주일 후. 그녀는 세상을 떠났다. 성경에 나오는 욥처럼 천수를 다 누리고 떠났다고 할 수 있다. 그러나 삶의 마지막 한 주 동안 그녀는 우울해하지 않았다. 오히려 그 반대로 믿음과 자부심에 충만해 있었다. 그 전에 그녀는 게르다 베커 박사가 담당하는 병동에 입원해 있었다. 그녀는 괴로워하고 있었는데, 특히 자기 자신이 아무 소용없는 사람이라는 생각이 그녀를 괴롭혔다. 그러나 우리의 상담이 그녀로 하여금 자신의 삶이 의미 있는 것이며, 더 나아가 시련이 헛된 것이 아니라는 사실을 깨닫게 해주었다. 죽기 바로 직전에 그녀는 마지막으로 이런 말을 했다.

"내 인생은 기념비적인 것이었어요. 프랭클 박사가 관중들 모두에게, 강의실에 앉아 있는 학생들 모두에게 그렇게 말했지요. 내 삶은 헛된 것이 아니었어요."

베커 박사는 보고서에 이렇게 적었다. 그리고 코레크 부인이 욥의 경우처럼 '제철에 잘 익은 옥수수 단처럼 자신의 무덤으로 갔다'라고 생각해도 그다지 틀린 생각은 아닐 것이다.

이런 경우 나는 내 환자가 가지고 있는 영적인 자원을 끄집어 냈다는 애기를 했다. 말하자면 정신의학적인 차원의 것이 정신적 차원, 즉 궁극적인 의미에 관심을 갖고 그것을 추구하려는 인간의 정신적 차원으로 들어가도록 했다는 것이다. 이런 경우에는 이 방법이 문제를 다루는 유일한 방법이 된다. 나는 우리가 만약 행동요법 치료사를 불러서 환자로 하여금 원상태로 다시 돌아가게 하는 조정의 과정을 밟게 했다면 결과가 어떻게 되었을까 궁금하다. 또한 정통 프로이트 학파의 학자를 불러 이 사례에 대한 해석을 문제의 저변에 깔려 있는 역학에 국한시켰다면 어떤 결과가 나왔을까 궁금하기도 하다. 그러면 결국 실제적인 문제는 회피한 채 환자의 도피주의만 강화시키는 결과가 되었을 것이다.

전통적인 의미의 훈련 분석은 코레크 부인과 같은 환자를 돕는데 필요한 분석가를 갖추고 있지 않은 것이 현실이다. 트래블비 교수[*]는 말한다.

---

[*] Joyce Travelbee, 《Interpersonal Aspects of Nursing》, F. A. Davis Company, Philadelphia, 1966, p. 170.

"개별적인 환자를 도와 줄 능력을 갖추어야 하는 사람들이 실제로는 그들을 어떻게 도와야 하는지 그 방법을 알 수 없을 뿐만 아니라 알지 못하기도 한다."

세상에 환자로 하여금 그의 병과 고통이 의미 없는 것이라고 믿게 하는 것만큼 부도덕한 일이 어디 있겠는가? 비극은 환자를 위해 일하는 건강한 사람들이 그들을 도울 만큼 언제나 지혜로운 것이 아니라는 데에 있다. 비극은 환자를 돕고 그들을 편안하게 해주어야 책임이 있는 사람들이 이런 사실을 인식하지 못하고 있다는 데에 있다. 내 강의 시간에 상담을 했던 환자 중 한 사람이 인생의 무상함에 대한 생각을 나타낸 적이 있다.

"조만간에 삶이 끝나겠지요." 그녀는 말했다.
"그리고 아무것도 남지 않겠지요." 나는 삶의 무상함이 삶 그 자체가 무의미하다는 사실에서 나온 것이 아니라는 것을 그녀에게 깨우쳐 주기 위해 애썼다. 하지만 별로 성과가 없었다. 그래서 소크라테스 식의 대화 기법을 사용하기로 했다. 나는 이렇게 물었다.
"당신이 존경할 만큼 큰 성취와 성과를 이룬 사람을 만난 적이 있습니까?"
"물론이지요." 그녀가 대답했다.
"우리 집의 주치의가 대단한 사람이었습니다. 그가 얼마나 환자들을 잘 돌보고, 그들을 위해 살았는지 몰라요."

"그가 죽었습니까?" 내가 물었다.

"네." 그녀가 대답했다.

"하지만 그분의 삶은 정말로 의미 있는 것이었습니다. 그렇지 않습니까?" 내가 물었다.

그러자 그녀는 "만약 사람의 삶이 의미 있는 것이라면 그의 삶도 그럴 겁니다"라고 말했다.

"하지만 그의 삶이 끝나는 순간에 이런 삶의 의미도 사라지는 것 아닙니까?" 내가 그녀에게 물었다.

"전혀 그렇지 않아요." 그녀가 대답했다.

"그의 삶이 의미가 있었다는 사실은 이 세상 어느 것도 바꿀 수 없어요." 하지만 나는 계속해서 그녀를 밀어 붙였다.

"만약에 감사하는 마음이 없어서 당신 가족의 주치의로 은혜를 베풀었다는 것을 기억하는 환자가 단 한 사람도 없다면 어떻게 될까요?"

"그래도 그것은 남아 있어요." 그녀가 중얼거렸다.

"기억력이 부족해서 그렇다면?"

"그래도 그것은 남아 있어요."

"아니면 언젠가는 마지막 남은 환자도 죽을 것이라는 사실 때문이라면?"

"그래도 남아 있어요."

의학적 정신 지도라고 부르는 로고테라피의 방식을 설교와 혼동해서는 안 된다. 두 가지 사이에 놓여 있는 근본적인 차이는 다음 장에서 자세히 다룰 것이다. 당분간 우리 자신에게 의학적 정신 지도가 전적으로 의학적인 것인지 아닌지 한번 물어보자. 환자를 편안하게 해주는 것은 의사라는 직업의 책임에 속하는 것이 아닌가? 황제 요제프 2세는 현재 대부분의 대학 부속 병원이 속해 있는 커다란 종합병원을 헌납하면서 다음과 같은 헌사를 남겼다.

"병든 자에 대한 보살핌과 위로를 위해 Saluti et solatio aegrorum"

나는 "위로할지어다. 위로할지어다. 내 백성이여(이사야 40장 1절)"라는 성경 구절의 말이 쓰였을 때만큼이나 유용하며, 하나님이 '그의 백성'* 중에서도 특히 의사들에게 이 말을 했을 것이라고 믿는다. 훌륭한 의사들은 누구나 자신의 책임을 이런 방식으로 이해한다. 정신분석가들도 무의식적인 차원에서 위로를 제공한다. 아더 버튼**이 지적한 대로 죽음에 대한 공포가 예외 없이 분석되거나 세상으로부터 거세당하는 것에 대한 두려움으로 그 의

---

* '내 백성'이라고 하면 목적격이라기보다는 호격이라는 느낌이 든다. '그의 백성'은 객체가 아니라 위로의 주체라고 할 수 있을 것이다.
** Arthur Burton, 〈Death as a Countertransferance〉, 《Psychoanalysis and the Psychoanalitic Review》 49 : 3, 1962-1963.

미가 축소되는 경우를 한번 생각해 보자.

최종적으로 이것은 심리적인 좌절을 정신병적인 것으로 잘못 취급하는 결과를 낳게 된다. 마치 생리적인 원인으로 생긴 우울증을 정신병적인 우울증으로 잘못 취급하는 것과 같은 것이다. 그런 경우 환자는 위안을 받지 못한다. 환자의 자기 비난과 죄의식은 더욱 심해진다. 왜냐하면 스스로 자기가 처해 있는 비참한 상황의 책임이 자신에게 있다고 생각하기 때문이다. 다른 말로 하자면 정신병적인 우울증이 생리적인 우울증에 추가되는 것이다.

그와는 반대로 환자에게 그가 겪고 있는 고통의 생리적인 요인에 대해 설명을 해 줌으로써 눈에 띄는 위안을 얻을 수 있다. 튀빙겐 대학 정신과의 슐테 교수가 이에 적합한 사례에 관해 연구한 것을 최근에 출간한 책에 발표했다.

반응 억제의 기법은 노이로제와 신경 질환에 도움을 주며, 노이로제와 신경증이 악화되고 추가적인 고통이 찾아오는 것을 막아준다. 이것이 어떻게 이루어지는가 하는 것은 정신분열증을 앓고 있는 19세의 빈 예술원* 학생과의 상담 기록을 통해 알 수 있다. 그녀는 환청과 같은 정신분열증 초기에 나타나는 증상을 심하

---

* Viktor E. Frankl, 〈Fragments from the Logotherapeutic Treatment of Four Case〉, 《Modern Psychotherapeutic Practice ; Innovations in Technique》, edited by Arthur Burton, Science and Behavior Books, Palo Alto, California, 1965, pp. 368 ff.
** Viktor E. Frankl, 〈Ein häufiges Phänomen bei Schizophrenie〉, 《Zeitschrift für die gesamte Neurologie und Psychiatrie》 152 : 161, 1935.

게 보여서 내가 일하는 병원으로 오게 되었다. 그녀는 추미근 현상까지 보이고 있었는데, 이에 대해서는 1935년에 이미 얘기를 한 적이 있다.** 이마 근육에 수염뿌리처럼 잔주름이 지는 것으로 정신분열증이 임박했을 때 나타나는 전형적인 증상이다.

처음부터 그녀는 무감각에 대해 불만을 늘어 놓기 시작했다. 그런 다음에는 '혼란스러운 마음'에 대해서 얘기하며 나에게 도움을 청했다. 그래서 나는 그녀의 반응을 억제시키기 시작했다.

프랭클 : 당신은 지금 위기에 처해 있습니다. 특정한 진단 결과에 대해 걱정할 필요가 없습니다. 그저 내가 그것이 위기라고 말할 수 있도록만 해주십시오. 이상한 생각과 감정들이 당신을 괴롭히고 있다는 것을 압니다. 하지만 당신은 감정의 거친 바다를 진정시키기 위해 애썼습니다. 현대 약물요법의 진정효과를 통해 우리는 당신이 감정의 균형을 천천히 되찾을 수 있도록 노력해 왔습니다. 이제 당신은 자기 인생을 다시 건설해야 한다는 과제가 기다리고 있는 지점에 서 있습니다. 하지만 사람은 인생의 목표가 없이는 도전해 오는 것이 없이는 인생을 다시 건설할 수 없습니다.
환자 : 박사님께서 무슨 말씀을 하시는지는 잘 알고 있습니다. 하지만 제가 궁금해 하는 것이 있습니다. 내 안에서 무슨 일이 벌어지고 있는가 하는 겁니다.
프랭클 : 골몰해서 생각하지 말아요. 문제의 원인이 어디에 있는지

묻지 말아요. 그런 문제는 우리 의사들에게 맡겨 놓으세요. 우리가 위기를 헤쳐 당신을 안내할 겁니다. 당신에게 손짓하고 있는 목표가 있지요? 말해 봐요. 예술가로서의 성취 같은 것 말입니다. 마음 속으로부터 끓어 오르고 있는 것들이 많이 있지 않습니까? 아직 만들어지지 않은 작품들, 창조의 손길을 기다리는 그려지지 않은 그림들, 당신에 의해 탄생될 순간을 기다리는 것들 말입니다. 이런 것들을 생각해 봐요.

환자 : 하지만 마음이 이렇게 혼란스러워서는…

프랭클 : 마음 속의 혼란을 보지 말아요. 그 대신 자기를 기다리고 있는 것들 쪽으로 시선을 돌려 보세요. 중요한 것은 깊은 곳에 숨어 있는 것이 아니라 미래에 당신을 기다리고 있는 것, 당신에 의해 실현되기를 기다리고 있는 것입니다. 나는 당신을 괴롭히고 있는 정신적인 위기가 있다는 것을 알고 있습니다. 하지만 우리 근심의 강에 그 기름을 쏟아 버립시다. 그것이 의사로서 우리가 할 일입니다. 이 문제는 정신과 의사들에게 맡겨 두십시오. 어쨌든 자기 자신을 바라보지 마십시오. 자기 안에서 무슨 일이 일어나고 있는지 묻지도 마십시오. 그 대신 자기에 의해 성취되기를 기다리고 있는 일이 무엇인지를 물어 보십시오. 따라서 당신과 같은 경우를 어떤 방법으로 처리해야 하는지에 대해서도 얘기하지 맙시다. 그것이 불안증이건 집착증이건 그것이 무엇이라도 상관이 없습니다. 그저 당신이 안나라는 사실, 미래의 그 무엇이 기다리고 있는 바로 그 안나라는

사실만을 생각합시다. 자신 자신에 대해서는 생각하지 말아요. 그 대신 자기 자신을 앞으로 창조되어야 할 미래의 작품에 주어 버립시다. 그것을 만들었을 때에만 당신은 자기가 누구라는 것을 알게 될 겁니다. 안나는 이 작품을 만든 예술가로 인정받을 겁니다. 정체성은 자기 자신에 집중해서는 얻어질 수 없습니다. 그보다는 어떤 동기에 헌신함으로써 자기 자신만의 작품을 완성하는 것을 통해, 자아를 발견하는 것을 통해서만 얻어질 수 있습니다. 횔덜린이 이런 말을 했던 것으로 기억합니다. "만약 우리가 아무것도 아닌 존재라면 중요한 것은 우리가 어디로 가고 있는가 하는 것이다." 우리도 이와 같이 말할 수 있습니다. 의미는 존재 이상의 것입니다.

환자 : 하지만 내 문제의 원인이 무엇이지요?

프랭클 : 그런 것에 의문의 초점을 맞추지 말아요. 당신이 겪고 있는 정신적인 고통의 저변에 깔려 있는 병의 원인이 무엇이든 우리가 당신을 고쳐줄 겁니다. 그러니 자기를 사로잡고 있는 이상한 느낌에 관심을 두지 말아요. 우리가 그것을 몰아낼 때까지 그것을 무시해 버리십시오. 그것을 쳐다 보지도 말고 그것과 싸우지도 말아요.

정신역학적인 분석으로 뛰어들어가 환자의 정신분열적인 성향을 자폐증으로까지 발전시키기보다는 나는 의미를 찾으려는 그녀의 의지를 깨우쳐 주려고 노력했다.

프랭클 : 안나라는 사람에 의해 창조되기를 기다리고 있는 위대한 일, 작품들이 몇 개 있다고 상상해 봅시다. 안나 이외에는 이 일을 완성하고 성취할 사람이 아무도 없습니다. 이 일에 있어서 만큼은 아무도 그녀를 대신할 수 없습니다. 그것들은 당신의 창조물이 될 것이고, 만약 당신이 그것을 창조하지 않는다면 그것은 영원히 창조되지 않은 채 남아 있을 겁니다. 하지만 만약 당신이 그것을 만든다면 심지어는 악마조차도 그것을 파괴할 힘이 없습니다. 그러면 당신은 그것들을 현실로 옮겨 놓음으로써 그것들을 구원한 셈이 됩니다. 그리고 설혹 당신의 작품이 과거라는 박물관에서 산산이 부서진다 하더라도 그것은 영원히 남아 있을 겁니다. 이 박물관에서는 아무것도 도둑맞을 수가 없습니다. 왜냐하면 우리가 과거에 했던 일은 안 했던 일이 될 수 없기 때문입니다.

환자 : 선생님이 하시는 말을 믿어요. 그 말이 저를 행복하게 만드네요(그녀는 밝은 표정을 짓고 병상에서 일어나 내 사무실을 나갔다).

몇 주 동안 정신요법과 약물요법을 병행하면서 환자는 정신분열증 증상에서 벗어나 작품 활동과 공부를 다시 시작할 수 있을 정도가 되었다.

---

* Viktor E. Frankl, 〈Fragments from the Logotherapeutic Treatment of Four Case〉, 《Modern Psychotherapeutic Practice : Innovations in Technique》, edited by Arthur Burton, Science and Behavior Books, Palo Alto, California ,1965, pp. 370 ff.

또 다른 정신분열증 환자는 17세 된 유대인 청년이었다.* 그의 양아버지가 단독 면담을 주선해 왔다. 그 젊은이는 제2차 세계대전에서 유태인들이 나치에 의해 학살을 당할 때 양아버지에 의해 구조되었다. 하지만 그 후 이 환자는 심한 정신분열 증세를 보여 이스라엘의 정신환자 시설에서 2년 반을 보내야 했다. 그는 자기 자신의 문제, 그 중에서도 특히 자신이 자란 환경, 즉 유대의 신앙적 배경으로부터 이탈하는 문제에 대해 나와 토론을 벌였다.

프랭클 : 그런 문제에 대해 회의를 갖기 시작한 것이 언제입니까?
환자 : 이스라엘의 병원에서 감금생활을 하면서부터 그런 문제에 회의가 생기기 시작했어요. 보세요. 박사님. 경찰이 저를 잡아서 시설에 집어 넣었답니다. 그래서 저는 나를 정상적인 사람과 다르게 만든 신을 원망했지요.
프랭클 : 하지만 거기에도 어떤 깊은 뜻이 담겨 있다고 생각할 수는 없습니까? 고래 뱃속에 갇혔던 요나라는 예언자를 생각해 보십시오. 그도 역시 '감금당한' 것일까요? 그가 왜 그렇게 되었을까요?
환자 : 물론 하나님이 그렇게 하도록 했기 때문이지요.
프랭클 : 자. 분명히 요나도 고래 뱃속에 갇히는 것을 좋아하지는 않았을 겁니다. 하지만 오로지 그때에만 요나는 자기가 전에 거부했던 인생의 과제가 무엇인지 깨달을 수 있었습니다. 요즘은 사람을 고래 뱃속에 가두는 것은 거의 불가능합니다. 그렇지 않습니까?

어쨌든 당신은 고래 뱃속에 머물지 않아도 되었지요. 그 대신 수용 시설에 있게 된 겁니다. 시설에 2년 반 동안 갇혀 있는 동안에 하나님이 어떤 인생의 과제를 가지고 당신과 만나고 싶었다고 생각할 수는 없을까요? 아마 당신이 감금당했던 기간이 인생의 특별한 시기를 위해 할당된 시간일 겁니다. 그런데 결국 당신은 적당한 방식으로 그것에 대면하지 않았군요.

환자 : (비로소 처음으로 어떤 느낌을 가지면서) 아시다시피 박사님. 그래서 제가 아직까지 하나님을 믿고 있는 것 아닙니까?

프랭클 : 계속하세요.

환자 : 하나님이 그 모든 것을 원하셨는지도 몰라요. 제가 회복되기를 바라셨을 겁니다.

프랭클 : 그냥 낫는 것만을 바라지는 않았을 거라고 말하고 싶군요. 낫는 것은 성취라고 볼 수 없거든요. 당신에게 요구하신 것은 회복 그 이상의 것이었습니다. 당신이 병에 걸리기 전에 당신은 누구보다 영적으로 높은 차원에 있었습니다. 작은 요나로 당신도 2년 반 동안이나 고래 뱃속에 들어가 있지 않았습니까? 이제 당신은 그곳에서 겪어야 했던 것으로부터 해방되었습니다. 뱃속에 갇히기 전에 요나는 니네베로 가서 하나님을 찬양하기를 거부했습니다. 하지만 나중에는 그렇게 했지요. 당신으로 말할 것 같으면 지금부터 탈무드의 지혜를 더 깊이 꿰뚫어 볼 것이 당연합니다. 이제까지 해 온 것보다 더 많이 공부할 것을 바라지는 않습니다. 하지만 당신의 공부가 보

다 알차고 의미 있을 겁니다. 시편(혹은 다른 곳에)에 나오는 것처럼 금과 은이 용광로에서 재련되듯이 당신도 정화되었습니다.

환자 : 오, 박사님. 무슨 말씀을 하시는지 이해합니다.

프랭클 : 병원에 있을 때 가끔 울지 않았습니까?

환자 : 오! 얼마나 많이 울었는지 몰라요.

프랭클 : 당신이 몸 밖으로 흘린 눈물을 통해 마음 속의 응어리가 모두 제거되었습니다.

단 한 번의 상담이 놀라운 결과를 가져왔다. 양아버지에 대한 환자의 공격성이 현저하게 감소되었고, 탈무드 연구에 대한 관심이 커졌다. 얼마 동안 그는 신경안정제를 처방받았으며, 나중에는 약을 약간 복용하는 것을 빼고는 더 이상의 치료가 필요 없을 정도가 되었다. 그는 아주 사교적인 사람이 되었으며, 수공예품을 만드는 자신의 일을 다시 할 수 있게 되었다. 독창성이 감소된 것을 빼면 그의 행동은 정상이었다.

상담을 하는 동안 나는 그가 자신의 어려움을 접근 가능한 의미와 목적의 견지에서 다시 평가하도록 하는데 성공했다. 이 경우에 유용한 종교적인 자원을 끄집어내는 것이 정당하다는 것에 대해 어느 누가 이의를 제기할 수 있겠는가? 어쨌든 나는 아주 용의주도하게 장벽에 대해 분석하는 것, 말하자면 환자를 세상으로부터 격리하는 그 장벽에 대해 분석하는 것을 자제했다. 그런 의미에서 나는 병의 원인, 그것이 생리적인 것에서 발생했든 아니면 정신적인 것에서 발생했든 어느 것이든 상관하지 않는다. 그러나 나는 환자가 이 장벽을 뛰어넘어 밖으로 나올 수 있도록 환자에게 도전장을 던진다. 다른 말로 하자면 그에게 딛고 일어설 수 있는 발판을 마련해 주려고 노력한다는 것이다.

때로는 환자가 추가적인 시련을 당하지 않을 뿐만 아니라 고통 속에서의 의미를 발견하기도 한다. 시련을 승리로 바꾸어 놓는 데 성공할 수도 있다. 그러나 다시 한번 말하지만 의미는 환자가 시련을 향해 취한 태도에 놓여 있다. 다음의 사례가 이 문제에 대한 구체적인 사례를 보여 줄 것이다.

가르멜 파 수녀 한 사람이 신체적인 요인에서 오는 우울증으로 고생하고 있었다. 그녀는 종합병원의 정신과에 입원했다. 특수한 약물요법으로 그녀의 우울증이 감소되기 전까지 우울증은 정신적 외상에 의해 더 심해져 있었다. 한 가톨릭 신부가 그녀에게 만약 진정한 가르멜 파 수녀라면 아주 오래 전에 우울증을 극복했을 것이라고 얘기했다.

물론 이것은 완전한 넌센스이며, 바로 이것이 그녀의 신체적 우울증에 정신적인 우울증(혹은 보다 구체적으로 말하면 섀칭이 말한 대로 ecclesiogenic neurosis)을 추가하는 결과를 가져왔다. 그러나 나는 심한 정신적 장애를 남기는 충격적인 경험의 영향으로부터 그녀를 해방시킬 수 있었으며, 그렇게 함으로써 심해진 우울증을 약화시킬 수 있었다. 신부는 그녀에게 가르멜 파 수녀는 우울증에 걸릴 수 없다고 얘기했지만 나는 그녀에게 아마 가르멜 파 수녀는 혼자서 그녀가 했던 것과 같은 놀라운 방법으로 우울증을 극복할 수 있을 것이라고 얘기해 주었다. 나는 그녀가 자기 일기장에 써 놓은 것을 절대 잊을 수가 없다. 거기에 그녀는 우울증에 대한 자신의 입장을 적어 놓았다.

"우울증은 나의 오래된 친구다. 그것이 내 영혼을 짓누른다. 내가 꿈꾸던 이상들은 다 어디 갔을까? 한때 내가 헌신했던 위대함과, 아름다움과, 선은 다 어디로 갔을까? 세상은 권태뿐이고 나는 그 안에 갇혀 있다. 나는 마치 진공 속에 던져진 사람처럼 살고 있다. 왜냐하면 고통의 경험조차도 나에게 불가능한 때가 있기 때문이다. 그리고 하나님조차도 침묵하고 계신다. 그래서 나는 죽고 싶다. 가능한 한 빨리. 내가 만약 내 자신의 생명이라도 마음대로 할 수 없다는 믿음을 가지고 있지 않았다면 나는 그렇게 했을 것이다. 그러나 그런 믿음으로 인해 시련이 축복으로 변했다. 인생이 반드시 성공적이어야 한다고 생각하는 사람은 건설 현장에서 인부들이 성전이 지어지길 바라며 땅을 판다는 사실을 이해하지 못하는 사람과 같다. 하나님은 인간 각자의 마음에 성전을 지으셨다. 내 영혼 안에서 하나님이 이제 막 기초를 파기 시작했다. 내가 해야 할 일은 그의 삽이 나를 때릴 때마다 그저 꼼짝 않고 서서 견디는 일이다."

나는 이것이 구체적인 사례를 연구한 어떤 보고서보다 시사하는 것이 많다고 생각한다. 이것이 바로 인간에 대한 기록인 것이다.

어떤 경우에도 신경증이나 정신병이 환자의 종교생활에 해가 된다고 생각하는 것은 옳지 않다. 그것이 장애가 될 수는 없다. 오히려 그것이 종교적인 응전을 촉진시키는 도전과 자극이 될 수 있다. 사람을 종교로 몰고 가는 것이 신경증이라 하더라도 종교는 진실된 것이 될 수 있으며, 긴 안목에서 보면 환자가 신경증을 극복하는 데에 도움이 된다. 따라서 신경증적 기질을 가진 사람들에게 미리 종교적인 직업을 갖지 못하도록 하는 것은 옳은 일이 아니다. 진리가 우리를 자유롭게 하리라는 성경의 약속은 종교적인 사람이 이런 신경증으로부터 자유로운 위치에 있다는 것을 뜻하는 말은 아니다. 하지만 이 반대는 진실이다. 다시 말하자면 신경증에서 해방되었다고 해서 종교적인 삶이 보장되는 것은 절대로 아니라는 말이다. 이런 자유는 종교의 필요충분조건이 아니다.

최근에 들어서야 나는 이 문제를 가지고 베네딕트 수도원의 수도원장과 이야기를 나눌 수 있었다. 그는 성직을 지망하는 사람 중에서 두 가지 조건을 갖춘 사람이라면 누구나 받아들이는 사람으로 유명한데, 그 두 가지 조건은 첫째 하나님을 갈구해야 하고 둘째 정신분석을 받아야 하는 것이었다. 나와 대화를 하는 도중에 그는 프로이트와 아들러 그리고 융과 관련된 것은 단 한 줄도 읽어본 적이 없다고 말했다. 그냥 5년 동안 스스로 정신분석만 받아

왔다는 것이다. 나는 정신의학에 대한 어떤 특정한 접근법에 입각해서 어떤 교의를 보수적으로 그리고 독단적으로 주장하는 것이 과연 정당한 일인지에 대해 의문을 품고 있다. 더구나 이런 주장이 의학적인 경험이 아닌 개인적인 경험에서 나왔을 경우에는 더욱 그렇다. 개인적인 경험이 의학적인 경험에 추가될 수는 있겠지만 후자가 전자를 대신할 수는 없다. 그보다 더욱 중요한 것은 정신의학적 훈련의 부족, 즉 한 학파의 학설을 다른 학파와 비교할 기회가 없었다는 것이 다양한 변종의 정신의학 종파를 낳는 결과를 초래하게 된다는 것이다.

그 수도원장은 한 미국 잡지와의 대담에서 "정신분석을 시작한 해인 1961년부터 1965년까지 45명의 성직 지망자가 들어왔습니다. 그 중에서 20퍼센트가 약간 넘는 11명이 남았습니다."*

이 분석을 보고 나는 스스로에게 이렇게 묻지 않을 수 없었다. 만약 정신적 결함이 없는 사람만을 추려서 정신과 의사가 되게 한다면 아주 극소수의 사람 아니 어쩌면 단 한 사람도 없을지 모르지만, 정신과 의사가 되거나 정신과 의사로 남아 있을 것이다. 나를 포함한 우리 정신과 의사들 스스로 아주 조금이라도 정신병을 경험해 보지 않았다면 우리는 정신과 의사가 되지 않았을 것이다. 왜냐하면 아예 처음부터 이 분야에 관심을 가지지 않았을

---

* Robert Serron, 〈Monks in Analysis〉, 《This Weeks》, July 3, 1966, pp. 4-14.

것이기 때문이다. 그리고 정신과 의사로 남아 있지도 않았을 것이다. 왜냐하면 훌륭한 정신과 의사가 되는데 필요한 요소인 환자와의 공감을 느낄 수 없기 때문이다.

최근에 발표된 연구 결과를 보면 다른 직업에 종사하는 사람보다 의사들이 자살을 할 가능성이 높은 것으로 나타났으며 그보다 중요한 것은, 그 중에서도 정신과 의사가 제일 높은 비율을 차지하고 있다*는 점이다. 한 영국 잡지에 정신과 의사의 높은 자살률에 대해 다음과 같이 언급한 기사가 실렸다.** "전문직을 가진 사람 중에서 정신과 의사만이 어울리지 않게 높은 자살률을 기록하고 있다. 그 원인은 이들이 직업을 선택하는 이유에서 찾을 수 있다. 왜냐하면 어떤 사람은 병적인 이유에서 정신과 의사라는 직업을 택하기 때문이다." 개인에 대한 정신분석을 통해 그런 사람들이 정신과 의사가 되는 것을 금지하거나 혹은 적어도 그들로 하여금 이런 병을 극복할 수 있도록 도와 줄 수 있을 것이라고 말하는 사람이 있을 것이다.

하지만 맙소사 사실은 그 반대이다. "정신과 의사의 이상하리만큼 높은 자살률은 바로 정신과 의사가 되기 위해서는 반드시

---

* Walter Freeman, 〈Psychiatrists Who Kill Themselves : A Study in Suicide〉, 《American Journal of Psychiatry》 124 : 154, 1967. 이것은 미국 정신요법 학회(Detroit, Michigan, May 8-12, 1967)의 123차 연례 회의에 발표된 논문을 요약한 것이다.
** Suicide Among Doctors, 《British Medical Journal》 1 : 789, 1964.

개인적으로 정신분석을 받아야 한다는 생각이 워낙 우세하기 때문이다."* 월터 프리만의 말을 다시 한번 인용해서 얘기하자면 "젊은 정신과 의사들이 의사로서의 경력을 쌓기 전에 반드시 개인적으로 정신분석을 받아야 한다는 점을 강조하는 것은 아직 알려지지 않은 위험을 안고 있다. 한 개인의 인격을 철저하게 꿰뚫어 보아야 한다는 주장은 그것을 시도하는 모든 사람들에게는 참을 수 없는 것이 될 것이라는 문제가 제기되고 있다."

나는 특히 종교 분야 그리고 일반적으로는 모든 분야의 직업과 관련해서 그 사람의 정신적인 측면을 테스트하는 것을 반대하지는 않는다. 미시시피 주 걸프포트에 있는 재향군인병원의 정신과 연구소장인 제임스 크럼보우와 루이지애나 주 올리언스에 있는 성 메리 도미니카 대학의 학사감인 메리 라파엘 수녀가 함께 이 문제에 대한 연구를 시작했다.

이 연구는 종교 집단에 있는 사람들에게 영향을 미치는 여러 요소들 중에서 의미를 찾으려는 의지가 가장 높을 것이라는 가정을 전제로 시작되었다. 그래서 도미니카 수도회의 수녀들을 실험 대상으로 선정했다. 직업적 특성상 이들이 누구보다도 의미를 찾으려는 의지를 잘 나타낼 것이라고 생각했기 때문이다. 이들로부

---

* Ruth Norden Lowe, 〈Suicide by Psychiatrists〉, 《American Journal of Psychotherapy》 21 : 839, 1967.

터 얻어진 자료를 서로 비교하는 방식으로 연구를 진행할 예정이다. 수련 중에 있는 수녀 중에서 우월한 집단과 미흡한 집단을 나누어서 이른바 삶의 목적성 시험$^{Purpose-in-life*}$을 거쳐 평가된 수녀들의 인성과 가치 구조, 그리고 목적성의 지수들을 서로 비교할 예정이다.

그들의 예상은 이렇다. 즉 우월한 집단이 의미를 찾으려는 의지의 표현이라고 해석할 수 있는 행동의 증거를 강하게 보여 주는 반면 미흡한 집단에서는 그런 증거가 현저하게 약하게 나타날 것이라는 것이다. 의미를 찾으려는 의지의 지수가 인성 지수보다 집단들을 보다 선명하게 구분해 놓을 것이며, 훈련에 숙달되는 정도와 의미를 찾으려는 의지 사이의 상관관계가 훈련에 숙달되는 정도와 인성 지수 사이의 상관관계보다 높은 수치를 나타낼 것으로 예상하고 있다. 크럼보우 박사와 메리 라파엘 수녀는 삶에서 의미를 발견하고자 하는 동기는 실제로 존재하는 것이며, 변화무쌍한 인성으로부터 매우 독립적으로 존재한다고 확신하고 있다. 만약 그들의 연구가 옳다는 것이 입증된다면 그들은 그 다음에는 이것을 정신병의 진단뿐만 아니라 삶의 의미를 찾으려는 의지가 어느 정도 있느냐를 측정하는 데에 이용할 수 있을 것으로 믿고 있다.

---

*James C. Crumbaugh and Leonard T. Maholick, 〈An Experimental Study in Existentialism : The Psychometric Approach to Frankl's Concept of Noogenic Neurosis〉, 《Journal of Clinical Psychology》 20 : 200, 1964.

이런 로고테라피적인 접근법은 일종의 양적인 접근법이다. 즉 그것은 여러 가지 결정인자를 고려에 넣는다. 어떤 면에서는 그것이 인간에 대한 결정론적 개념에 근거하고 있다고 할 수 있다. 하지만 인간에 대한 결정론적인 개념은 아직 범결정론적이다.

인간에 대한 범결정론적인 개념에서는 한 개인의 신앙생활이 그의 아버지 상(像)에 의해 결정된다는 가설을 내세우고 있다. 그러나 불신의 원인을 언제나 아버지 상의 왜곡으로 돌릴 수는 없다. 나는 내 책에서 동료가 수집한 이와 관련된 통계자료에 관해 자세하게 다룬 적이 있다.* 우리의 자료에서는 종교는 교육의 문제일 뿐만 아니라 결단의 문제라는 사실을 보여 주고 있다.

우리가 사용한 테크닉은 간단했다. 나는 조교에게 하루 동안 나를 찾아온 외래환자들을 구분하라고 했다. 23명의 환자들이 아버지에 대해 긍정적인 이미지를, 그리고 13명의 환자들이 부정적인 이미지를 가지고 있었다. 하지만 아버지에게 긍정적인 이미지를 가지고 있는 사람 중에서는 16명이, 그리고 부정적인 이미지를 가지고 있는 사람 중에서는 오직 2명만이 신앙생활이 이런 이미지에 의해 결정되었다는 것을 보여 주었다.

우리는 술주정뱅이의 아들이 반드시 술주정뱅이가 될 필요가

---

*Viktor E. Frankl, 《Psychotherapy and Existentialism : Seleted Papers on Logotherapy》, Washington Square Press, New York, 1967.

없다는 것을 알고 있다. 마찬가지로 현재 신앙생활이 미약한 원인을 항상 부정적인 아버지 상으로 돌릴 수는 없는 것이다. 아버지에 대한 부정적인 이미지가, 비록 그것이 최악의 것이었다 하더라도 그것이 한 사람이 신과 건전한 관계를 맺는 것을 막을 수는 없다. 조사 대상자의 절반이 교육의 영향을 받은 것으로 나타났으며, 나머지 반은 개인적인 결단에 의해서 현재의 자기가 되었다는 것을 보여 주었다.**

사실은 운명이 아니다. 중요한 것은 그것을 대하는 우리의 자세이다. 사람은 신경증 때문에 나쁜 신부나 수녀가 될 수는 없다. 오히려 그럼에도 불구하고 훌륭한 신부나 수녀가 될 수는 있다. 어떤 경우에는 심지어 바로 그 신경증 때문에 훌륭한 신부나 훌륭한 수녀가 된 경우도 있다. 신부나 수녀에 해당되는 것은 정신과 의사에게도 해당된다. 실제로 선구적인 학파를 개척한 창의적인 정신의학자 중에는 자기 자신의 신경증을 자세하게 설명하다가 그런 체계를 발전시킨 것으로 알려진 사람도 있다. 바로 여기에서 나는 하나의 성취를 본다. 왜냐하면 바로 이런 방법을 통해 그들

** 이 문제에 대해 신학자들이 이의를 제기할 것이라는 것을 알고 있다. 왜냐하면 좋지 못한 교육환경에도 불구하고 종교적인 믿음을 갖게 된다는 것은 신의 은총이 없이는 생각할 수 없는 것이라고 얘기할 수 있기 때문이다. 만약 인간이 신을 믿으려면 은총의 도움을 받아야 한다. 그러나 내 연구 조사가 정신의학과 관련된 구조 아니면 다소 인간론적인 말하자면 인간적인 차원에서 이루어지고 있다는 사실을 잊어서는 안 된다. 그러나 신의 은총은 인간을 초월한 높은 차원에 존재하며 따라서 인간의 수준에서 보면 하나의 투사로 나타난다. 자연적인 견지에서는 인간의 결단으로 보이는 것이 자연을 넘어선 차원에서는 부단한 신의 섭리로 해석될 수 있는 것이다.

은 그 자신의 신경증을 극복했을 뿐만 아니라 다른 의사들에게 어떻게 환자들로 하여금 그들의 병을 극복할 수 있도록 도와 줄 수 있는지 가르쳐 주었기 때문이다.

한 개인의 불행이 인류를 위한 희생으로 승화되었다. 마지막 남은 문제는 어떤 한 정신과 의사가 겪고 있는 신경증이 그가 살고 있는 그 시대 사람들이 보편적으로 겪고 있는 질환인가 하는 것이다. 만약 그렇다면 그의 시련은 인류의 시련을 상징한다. 병과 대항해 자기 환자를 어떻게 면역시키는지 배우고 싶다면 그 스스로 실존적 좌절을 경험해 보아야 한다.

어떤 사람이 신경증이 걸렸는지 걸리지 않았는지에 상관없이 신경증은 종교적이기도 하고 혹은 비종교적이기도 하다는 본래의 주장으로 다시 돌아가 보자. 신경증이 종교에 반드시 해로운 것은 아니다. 신경증에 걸린 사람은 신경증에 걸렸음에도 불구하고 혹은 신경증에 걸렸기 때문에 종교적일 수 있다. 이런 사실이 종교의 독립성과 정통성을 시사해 주고 있다. 어느 면에서 보나 종교는 무너질 수도 없고 사라질 수도 없다. 심지어 정신병도 그것을 무너뜨릴 수 없다.

수십 년 동안 환청에 시달려 온 60대 노인이 나에게 왔다. 인간성이 거의 폐허가 된 상태였다. 주변에 있는 사람들이 모두 그를 얼간이로 생각했다. 그러나 이 남자에게서 놀라울 정도로 신비한 매력이 발산되고 있었다! 어렸을 적에 그는 신부가 되고 싶었다. 하지만 그는 자기에게 주어진 체험에 만족해야 했는데 그것은 일요일 아침마다 교회 성가대에서 노래를 부르는 것이었다. 그를 데려온 수녀가 말하기를 아주 흥분을 잘 하는 성격임에도 불구하고 마지막에는 언제나 자제력을 되찾는다는 것이다. 나는 이런 사례의 저변에 깔려 있는 정신역학적인 면에 관심을 갖게 되었다. 왜냐하면 그 환자는 수녀에 대해 강한 집착을 갖고 있었기 때문이다. 그래서 나는 그에게 어떻게 자제력을 되찾게 되는지를 물었다. "누구를 위해서 그렇게 하지요?" 그 말에 그는 몇 초 동안 침묵했다. 그런 다음 대답했다.

"하나님을 위해서지요."

"하나님을 위해서요." 그는 이렇게 대답했다. 다른 말로 하자면 "하나님을 기쁘게 하기 위해서"라는 말이 된다. 이와 관련해서는 "정신병이 나에게 바보의 의상을 입힐지라도 만약 내가 신을 기쁘게 하기를 원한다면 나는 내 영혼을 구원할 수 있다"라는 키에르 케고르의 말을 인용하고 싶다. 이 말은 비록 내가 정신병에 걸렸어도 나는 곤경에 대한 태도를 결정할 수 있고 그렇게 함으로써 그 곤경을 하나의 성취로 바꾸어 놓을 수 있다는 말이 된다.

화제를 바꾸어서 정신분열증이 아니라 조울증의 경우에 대해 얘기해 보자. 나는 이제까지 만나 본 소녀 중에서 가장 아름다웠던 그 소녀를 잊을 수가 없다. 그녀는 유태인이었다. 히틀러가 지배하고 있던 시대에 빈에 살고 있었다. 그녀의 아버지가 유태인 사회의 관리로 일하고 있었기 때문이다.

　조증(躁症) 기간에 그녀는 밖으로 나돌아 다녔는데 아버지 말에 의하면 닥치는 대로 성행위를 하기 때문이라고 했다. 나는 그에게 조증이 발생하는 시기에는 두 가지 중대한 위험성이 있다고 말했다. 즉 성병과 임신의 위험이다. 그리고 이 경우는 세번째 위험도 있다. 바로 생명에 대한 위험이다. 그녀는 나치 친위대가 경영하는 나이트 클럽에 가곤 했다. 그리고 그들과 함께 춤을 추고 그들과 함께 잠을 잤다. 이런 행위는 그들은 물론 그녀도 위험에 빠지게 만드는 일이었다.

　마침내 그녀는 강제수용소로 보내졌다. 그곳에서 나는 그녀를 다시 보게 되었다. 나는 그 장면을 절대로 잊을 수 없다. 그 장면을 괴테의 《파우스트》 제1장의 마지막 장의 마지막 장면과 비교하지 않을 수 없었다. 《파우스트》의 그레트헨처럼 그녀는 지하감옥에서 오물 위에서 뒹굴고 있는 정신병자들 한가운데 무릎을 꿇고 앉아 있었다. 그녀는 두 손을 맞잡고 위를 올려다 보고는 쉐마 이스라엘을 중얼거리고 있었다. 나를 보자 나에게 착 달라붙더니 자기를 용서해 달라고 간청하는 것이었다. 나는 그녀를 진정시키기 위해 애썼다. 내가 그녀 곁을 떠날 때 그녀는 히브리 어로 기도문을 중얼거리고 있었다.

　이 상황이 그레트헨과 다른 점이 있다면 바로 이것뿐이었다. 그로부터 약 한 시간 후에 그녀는 죽었다. 그녀는 육체적으로 소진되어 있었고, 정신적인 혼란 상태에 놓여 있었다. 그리고 완전히 방향 감각을 잃고 있었다. 그녀는 자기가 어디에 있는지도 그리고 왜 그곳에 있는지도 몰랐다. 오로지 어떻게 기도하는지만 알고 있었을 뿐이다.

정신분열증을 앓고 있는 노인의 경우나 조울증을 앓고 있는 소녀의 경우를 보고 있으면 시편에 있는 다음과 같은 구절을 재해석하고 싶은 생각이 든다.

"주께서 상한 마음을 가진 자 가까이에 계시며, 회개하는 영혼을 구원할지니"

'상한 마음' 하면 그것은 정신분열증 환자의 특성이 아닌가? '회개' 라고 한다면 그것은 조울증 환자의 특성이 아닌가? 그렇다면 때로는 정신분열증 환자나 조울증 환자가 보통 사람들보다 종교와 더 근접해 있다는 이야기가 되는 것 아닌가?

정신지체아들도 하나의 인간으로서 인간적인 측면을 가지고 있다. 4,300명의 정신지체 환자를 수용하고 있는 국립정신병원의 목사 카를 로테의 말을 귀담아 들을 필요가 있다.

"정신지체환자들은 이제까지 설교했던 것보다 더 많은 것을 나에게 가르쳐 줍니다. 그들의 세상은 위선이라고는 전혀 찾아 볼 수 없는 세상입니다. 당신의 애정에 그들의 미소가 통행증이 되는 왕국, 그들의 눈빛이 냉담한 가슴을 녹이는 왕국입니다. 아마도 하나님께서는 바로 이것을 통해 정신지체환자들이 절대로 잃어버리지 않는 그런 특성을 다시 발견해야 한다는 사실을 우리에게 일깨워 주고 싶었던 것 같습니다."*

스코틀랜드에 있는 알버딘 대학의 정신건강학 교수 밀러의 다음과 같은 말에 동의할 수밖에 없다.

"흠이 없는 것을 정신건강과 같은 것으로 생각하거나 정신과 의사로부터 건강증명서를 받지 않는 한 신의 눈에 인간이 완전한 것으로 보이지 않는다는 생각은 잘못된 것이다. 저능아나 위축된 정신분열증 환자 그리고 치매에 걸린 노인은 어떤가? 만약 우리 스스로 이런 정신적 완전함에 대한 개념에 빠져 있다면 어떻게 그들에게 안식을 가져다 줄 수 있겠는가? 비록 의학적으로 정신병에서 회복될 가능성이 전혀 없어 보임에도 불구하고 이런 신의 창조물도 완전한 존재가 될 수 있다는 생각을 반드시 가져야 한다."**

---

* Carl J. Rote, 〈Mental Retardation : The Cry of Why?〉, 《Association of Mental Hospital Chaplains Newsletter》 2 : 41, 1965.
** W. M. Millar, 〈Mental Health and Spiritual Wholeness〉, 《Journal of Social Issues》 1 : 7, 1964.

로고테라피에서 이 문제는 신이나 인간 어느 쪽을 선택하느냐 하는 문제가 아니다. 왜냐하면 로고테라피의 입장에서 보자면 종교 역시 인간적인 현상이고, 하나의 인간 현상으로서 진지하게 다루어져야 할 문제이기 때문이다. 그 가치를 반드시 인정해야 하며 결정론에 따라 그것을 비인간적인 현상으로 축소시킴으로써 그것을 폄하해서는 안 된다.

종교를 신중하게 다루면 환자가 지니고 있는 영적인 자원을 끌어내는 것이 가능해진다. 이런 상황에서 영적인 것이란 곧 유일하게 진정으로 인간적인 것을 의미한다. 그런 의미에서 의학적 정신 지도는 의사의 진정한 사명이다.

물론 우리는 이것 없이도 그럭저럭 일을 해나갈 수 있으며, 지금도 그런 의사들이 있을 것이다. 하지만 만약 그럴 경우 정신과 의사와 수의사를 구별해 주는 유일한 차이점은 그를 찾아오는 고객이 누구인가라는 것밖에 없다는 사실을 분명히 알아야 한다.

3 로고테리피에 대한 결론

The Will to Meaning: Foundations and Applications of Logotherapy

의미의 차원

이 장에서 내가 다루는 것이 모두 로고테라피의 교의가 아니라는 점에 대해 미리 양해를 구해야 되겠다. 다루고 있는 주제의 특성상 신학과 정신의학의 경계에서 내 개인적인 신념에 대한 고백을 포함시키지 않을 수 없었다.

오늘날 신학 분야에서 놀고 있는 정신과 의사들이 너무 많고, 정신의학 분야에서 놀고 있는 신학자들이 너무 많다. 뉴욕 시 교도소 소속 목사인 E. 프레드릭 프로엘스는 '종교라는 무기를 내던진 설익은 목사 정신의학자'에 대해 얘기한다. 그는 그들이 "부끄러움을 느껴야 한다"고 말한다. "왜냐하면 의사 중에는 이렇게 뒤죽박죽된 신학자들이 내버린 것으로 돌아가 그것을 취하고, 이런 종교적 수단을 이용해 놀랄 만한 성과를 거두고 있는 의사들이 있기 때문이다."* 그러나 나는 이와는 반대로 정신과 의사들이 신학 분야에서 놀고 싶은 유혹을 물리쳐야 한다는 말을 하고 싶다. 나는 수시로 "로고테라피의 은총이 어디에 있다고 생각하십니까?"라는 질문을 받는다. 그러면 나는 이렇게 대답한다. 처방전을 쓰거나 수술을 집도하는 의사는 될 수 있는 대로 세심하게 일을 해야 하지만 경솔하게 은총을 베풀어서는 안 된다. 그가 자신이 하고 있는 일에 더 많이 주의를 집중할수록 은총에는 더 신경을 쓰지 않게 되고, 그럴수록 그는 더 훌륭한 은총의 전달자가 될 것이다. 그가 인간적인 사람이 되면 될수록 그는 더욱 더 신성한 목적의 도구가 될 수 있다.

로고테라피는 정신치료와 종교 사이에 놓여 있는 경계선을 넘어가지 않는다. 그러나 종교로 향하는 문은 열어 놓고 그 문을 지나가든지 말든지는 환자에게 맡긴다. 책임진다는 것이 그 자신의 인간다움에 대한 책임인지 사회에 대한 양심에 대한 혹은 신에 대한 책임인지 어떤 견지에서 그것을 해석하는가 하는 문제를 결정하는 사람은 바로 환자 자신이다. 무엇에 대해, 누구에게, 무엇을 위해 책임을 져야 할 것인가 결정하는 것이 바로 그 사람이다.

---

* E. Frederick Proells, 〈Reflections of the Social, Moral, Cultural, and Spiritual Aspects of the Prison Chaplain's Ministry〉, 《Journal of Pastoral Care》 12 : 69, 1958.

로고테라피 분야에 있는 많은 학자들이 로고테라피가 종교와 양립할 수 있다는 점을 지적해 왔다. 그러나 로고테라피는 개신교의 정신치료법도, 가톨릭의 정신치료법도, 유대교의 정신치료법도 아니다.* 상식적인 의미에서 종교적인 정신치료법이란 생각할 수 없다. 정신치료와 신학 사이에 근본적인 차이가 있기 때문이며, 그 차이는 차원적인 차이를 말한다. 우선 둘의 목표가 서로 다르다. 정신치료는 정신 건강을 목표로 한다. 종교는 구원을 목표로 한다. 호워드 챈들러 로빈슨이 말한 대로 "예배는 마음에 평온을 가져다 준다. 그러나 목적 그 자체를 파괴하지 않고서는 그 목적을 이룰 수가 없다. 우리는 불면증이 낫거나 만성적인 소화불량을 몰아내기 위해 〈테 데움〉이나 〈글로리아 인 엑첼시스〉를 부르지는 않는다. 우리는 신께 영광을 돌리기 위해 〈테 데움〉이나 〈글로리아 인 인첼시스〉를 부른다".

무엇보다도 로고테라피는 모든 환자에게 적용될 수 있으며, 모든 의사들, 그가 유신론자이든 불가지론자이든 상관없이 모든 의사들이 이용할 수 있다. 히포크라테스 선서에서 이런 유용성은 가장 중요한 것이다.

정신치료사가 환자의 신앙생활에 대해 관여하지 않으며, 관

---

*로고테라피가 유대의 정신치료법이라고 한 고(故) 레오 베크의 신념은 그가 '토라'를 '삶의 임무'라고 해석했다는 점에서 이해할 만하다.

여해서도 안 되지만 반면에 의도하지 않은 부수적 결과로 신앙생활에 기여할 수는 있다. 이에 대한 적절한 사례는《정신치료와 실존주의》*라는 책에 나와 있다.

일종의 부산물로서 종교는 정신건강에 헤아릴 수 없이 많은 기여를 한다. 결국 종교는 인간에게 영적인 닻을, 다른 곳에서는 찾을 수 없는 안도감을 제공해 준다.**

정신치료와 종교의 혼합은 반드시 혼란을 가져올 수밖에 없다. 왜냐하면 그런 혼합은 서로 다른 두 개를, 즉 인간적인 차원과 신학적인 차원을 서로 섞어 놓은 것이기 때문이다. 인간적인 차원과 비교해 볼 때 신학적인 차원이 보다 포괄적이라는 점에서 이보다 높은 위치에 있다고 할 수 있다.

그렇다면 인간 세상과 신의 세상 사이에 놓여 있는 차원적인 차이와 관련해서 인간이 어떻게 그 차이를 인식하는 것이 가능할까? 이 차이점을 이해하기 위해서 인간과 동물과의 관계를 생각하면 된다. 인간 세상에는 동물 세상이 포함되어 있다. 어떤 면에서 인간은 동물을 이해한다고 할 수 있다. 그러나 동물은 인간을 이해하지 못한다. 인간과 동물과의 대비가 신과 인간의 대비와 어

---

* Viktor E. Frankl, 《Psychotherapy and Existentialism : Selected Papers on Logotherapy》, Washington Square Press, New York, 1967.
** Viktor E. Frankl, 《The Doctor and the Soul : From Psychotherapy to Logotherapy》, Alfred A. Knopf, New York, 1965(paperback edition : Bantam Books, New York, 1967).

느 정도 유사하다는 것이 나의 생각이다.

《죽음의 수용소에서》라는 책에서 나는 이런 유사성에 대해 상세하게 설명한 바 있다. 소아마비 혈청을 만들기 위해 이용되는 유인원은 그 때문에 수없이 주사바늘에 찔리고 찔려도 자기 시련의 의미를 파악하지 못한다. 왜냐하면 지능이 모자라서 인간 세계, 즉 시련이 이해될 수 있는 유일한 세계로 들어갈 수 없기 때문이다. 그렇다면 또 다른 차원이 여전히 가능하다는 세상, 인간 세상을 넘어선 세상, 인간이 겪는 시련의 궁극적인 의미가 무엇인가에 대한 해답을 찾을 수 있는 세상을 생각할 수는 없을까?

이제 또 다른 경우, 즉 개를 예로 들어 보자. 내가 손가락으로 어떤 것을 가리키면 개는 내가 가리킨 것을 보지 않고 내 손가락을 본다. 그리고 때로는 내 손가락을 물기도 한다. 개는 어떤 것을 가리키는 것의 의미론적 기능을 이해하지 못한다. 그렇다면 인간은 어떤가? 때로는 어떤 것이 지닌 의미, 즉 시련의 의미를 이해하지 못하는 것이 또한 인간이고, 자기 운명과 싸우고 손가락을 깨무는 것이 또한 인간이 아닌가?

인간은 시련의 의미를 이해할 수 없다. 왜냐하면 알버트 아인슈타인이 말했던 것처럼 "단순히 생각하는 것만 가지고는 우리 앞에 지고(至高)의 목적이 드러날 수 없기 때문이다". 나는 궁극적인 의미는, 내가 좋아하는 표현을 쓰자면 초의미는 더 이상 생각의 문제가 아니라 믿음의 문제라고 말하고 싶다. 우리는 그것을 지적인 영역에서가 아니라 실존적인 영역에서, 우리의 존재를 넘어선 믿음을 통해 포착할 수 있다.

그러나 궁극적인 의미로서의 믿음에는 궁극적인 존재에 대한 신뢰, 신에 대한 신뢰가 선행된다. 이번에는 다른 개의 예를 들어보자. 병에 걸린 개다. 당신은 개를 수의사에게 데려가고 수의사가 개를 고통스럽게 한다. 개는 위를 쳐다보며 당신을 응시하고, 수의사가 자기를 진찰하고 치료하도록 내버려 둔다. 고통에도 불구하고 개는 조용하다. 개는 그 고통의 의미를 모른다. 주사를 놓거나 붕대를 감는 목적이 무엇인지 모른다. 그러나 개가 당신을 바라보는 눈에는 당신에 대한 끝없는 신뢰가 담겨 있다. 그 중에는 의사가 자기를 해치지 않을 것이라는 생각도 포함되어 있다.

인간은 인간 세상과 신의 세상 사이에 놓여 있는 차원적인 차이를 돌파할 수 없다. 그러나 궁극적인 존재에 대한 믿음에 의해 중재된 신앙을 통해 궁극적인 의미에 이를 수는 있다. 그러나 죽은 자를 위한 유대교의 기도문으로 유명한 카디쉬가 말하는 것처럼 "신은 인간 세상에 널리 퍼져 있는 모든 축복과 찬미와 칭송과 위안을 넘어선 저 높은 곳에 존재한다". 말하자면 다시 차원적 차이점의 문제와 만나게 된다는 것이다.

이 차이점은 하이데거가 존재론적 차이라고 불렀던 개념, 사물과 존재 사이의 근본적인 차이에 비유될 수 있다. 하이데거는 그 존재가 여러 가지 것 중에서 어느 하나가 아니라고 말한다.

몇 년 전에 한 소년이 내 아내에게 자기가 자라면 무엇이 될 것인지 알고 있다는 말을 했다. 아내가 그것이 무엇이냐고 묻자 소년은 "서커스 단에서 공중그네를 타는 곡예사와 신이 될 거예요"라고 대답했다. 소년은 여러 가지 직업 중에 하나의 직업으로 선택할 수 있는 것처럼 신을 생각했던 것이다.

존재와 사물 사이에 있는 존재론적인 차이 혹은 그런 측면에서 궁극적인 존재와 인간 존재 사이의 차원적인 차이는 인간이 진정으로 신에 대해 말하는 것을 금지한다. 신에 대해 말하는 것은 존재를 사물로 만든다는 것을 의미한다. 그것은 사물화를 의미한다. 신을 인격화하는 것은 정당한 일이다. 다른 말로 하자면 인간은 신에 대해 말할 수 없지만 신에게 말을 할 수는 있다. 기도할 수 있다는 말이다.

루드비히 비트겐슈타인은 자신이 쓴 저명한 저서에서 이렇게 결론을 맺었다.

"무엇에 대해 말할 수 없으면, 그것에 대해 침묵을 지켜야 한다."

그 동안 이 말은 여러 가지 언어로 번역되어 왔다. 이 불가지론적 언어를 유신론적 언어로 옮겨 보자. 그러면 다음과 같이 될 것이다.

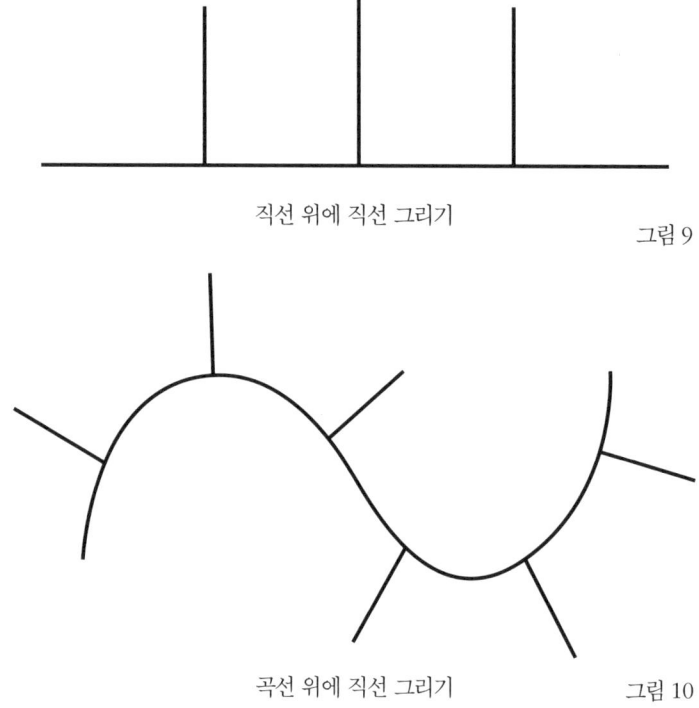

직선 위에 직선 그리기　　　　　　　그림 9

곡선 위에 직선 그리기　　　　　　　그림 10

"그 존재에 대해 말할 수 없으면, 그에게 기도를 해야 한다."

　그러나 인간 세상과 신의 세상 사이에 놓여 있는 차원적인 차이를 인식하는 것은 가치가 떨어지는 일이 아니라 지식을 넓히고 지혜를 얻는 일이 된다. 만약 어떤 문제가 풀리지 않는 것이라면 우리는 적어도 그것이 왜 풀리지 않는지를 알 수 있다. 신이 곡선 위에 수직선을 그린다는 말을 한번 생각해 보자. 신이 우리가 상

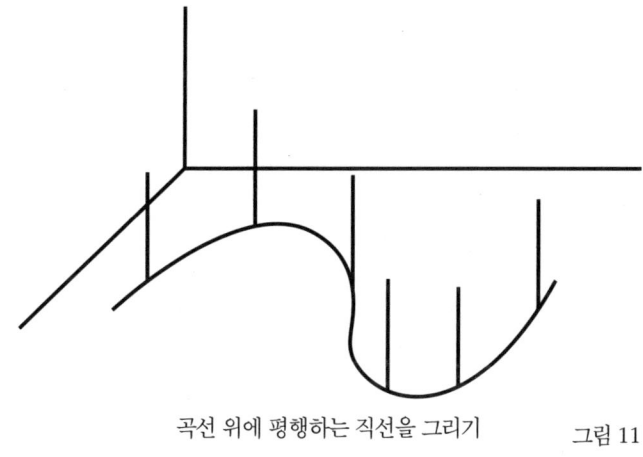

곡선 위에 평행하는 직선을 그리기   그림 11

상하고 있는 평면 위에 수직선을 그리는 것이 아니다. 수직선을 그린다는 것은 서로 평행하는 선들을 곡선 위에 수직으로 놓는다는 것을 의미한다. 곡선 위에서는 선들이 평행할 수가 없다. 그러나 2차원적인 평면이 아닌 3차원적 공간이라면 평행하는 선을 그린다는 것이 가능해진다. 다른 말로 하자면 인간 세상과 신의 세상 사이에 놓여 있는 차원적 차이를 전제로 해서 우리는 '우리가 알고 있는 것은 오직 우리가 모른다는 사실뿐'이라고 말했던 소크라테스의 단계를 뛰어넘을 수도 있다. 우리는 이제 왜 모든 것을 알 수 없는지 그 이유를 알게 되었다. 왜 모든 것을 이해할 수 없는지 이해하게 되었다. 이보다 훨씬 중요한 것은 낮은 차원에서는 불가능한 것이 높은 차원에서는 전적으로 가능한 일이 된다는 것이다.

인간 세상과 신의 세상 사이에 높이 있는 차원적인 장벽을 계시라고 얼버무릴 수는 없다. 계시가 신에 대한 믿음을 갖게 할 수는 없다. 왜냐하면 정보의 진원지로서 계시를 인정하는 것이 신에 대한 믿음의 전제조건이기 때문이다. 믿지 않는 사람들은 계시가 역사적인 사실이라는 것을 절대로 인정하지 않는다.

논리적 근거에 대한 논증이 역사적 근거에 대한 논증보다 더 타당한 것은 아니다. 공룡의 발자국 화석을 보고 당신은 공룡이 존재했었다는 것을 추측한다. 하지만 자연적인 현상에서 초자연적인 존재가 존재한다고 추론할 수는 없다. 신은 화석화된 존재가 아니다. 목적론이 인간학과 신학을 연결해 주는 신뢰할 만한 다리가 될 수는 없다.

믿지 않는 사람에게는 역사적인 방법에 의한 논증도, 논리적인 방법에 의한 논증도 모두 비틀거리는 장애물일 뿐이다. 그러나 세번째 것도 있다. 바로 인격화이다. 나는 인격화를 인간학의 견지에서 본 신학이라고 정의하고 싶다. 즉 좀 더 가벼운 기분으로 말하자면 신을 할아버지의 이미지로 바라본다는 말이다. 이에 대한 구체적인 예가 다음과 같은 농담에 담겨 있다.

한 주일학교 선생이 학생들에게 아내가 아이를 낳다가 죽은 한 가난한 남자의 이야기를 들려주었다. 그는 너무나 가난해서 유모를 고용할 수 없었지만 하나님이 기적을 일으켜 그의 가슴을 자라게 해서 아이가 젖을 먹을 수 있도록 해주었다는 것이다. 그러자 학생 중 한 소년이 이에 반대되는 입장을 표명했다. 하나님이 그런 기적을 일으킬 필요가 없었다는 것이다. 하나님이 왜 그 가난한 남자로 하여금 수천 달러가 들어 있는 돈봉투를 발견하도록 해 그 돈으로 유모를 살 수 있도록 하지 않았느냐는 것이다. 그러자 선생이 대답했다. "너 참 어리석은 아이로구나. 하나님이 기적을 행할 수 있는데 굳이 현금을 낭비할 필요가 없지 않겠니?" 이 이야기가 왜 우스운가? 지극히 인간적인 범주에 속하는 것, 즉 현금이 신의 동기에 적용되었기 때문이다.

권위주의, 합리주의, 인격화와 같은 세 가지 장애물은 종교에 제약이 너무 많기 때문에 생긴 것이다. 여기서 이런 종교적 제약이 불러 일으키는 감정이 X-레이 상에 어떻게 나타나는지 살펴 보기로 하자. 예루살렘에 있는 히브리 대학의 H. E. 블루멘탈이 보고서를 인용하면 다음과 같다.

"심한 대장염으로 병원에 입원한 한 중년 여성의 사례입니다. 그녀는 방사선과 의사에게 자기는 종교적인 사람이 아니라는 점을 강조하면서 그럼에도 불구하고 돼지고기를 먹고 나면 꼭 대장염이 걸린다는 얘기를 했습니다. 바륨 용액을 먹고 한 첫번째 촬영 결과 그녀의 결장은 정상이었습니다. 두번째에는 그녀에게 바륨 용액에 돼지고기가 들어 있다고 말을 했습니다. 그 결과 X-레이 상으로 심각한 대장염에 걸린 것으로 나타났습니다. 세번째 X-레이를 찍을 때 바륨 용액에 돼지고기를 섞었지만 이번에는 환자에게 이 이야기를 하지 않았습니다. 그러자 이번에는 X-레이 상으로 결장이 지극히 정상인 것으로 나타났으며, 그 후로도 대장염에 걸리지 않았습니다."*

《Der unbewusste Gott》에서 나는 자기가 의식적으로 무신론자라고 하는 환자가 종교적인 문제와 관련된 꿈을 무의식적으로 꾸는 사례를 다루었다. 그리고 나는 불가지론을 주장하는 환자가 임종시에 자기가 죽어가고 있다는 것을 알고 있으며, 삶에 대한 비종교적인 철학으로는 설명할 수 없는 어떤 보호의식 같은 것을 갖고 있다는 것을 보았다.** 그러나 이것은 궁극적인 의미에 대한 기본적인 믿음이라는 가정으로 설명될 수 있을 것이다. 알버트 아인슈타인은 그 물음에 대한 만족할 만한 해답을 찾는 것을 다음과 같이 정의했다. "삶의 의미란 무엇인가?"는 종교적으로 된다는 것을 의미한다. 만약 우리가 종교에 대한 그의 정의를 수긍한다면 인간은 기본적으로 종교적인 존재라고 주장하는 것이 정

---

* H. E. Blumenthal, 〈Jewish Challenge to Freud〉, 《Here and Now》 1 : 24, 1955, p. 12.
** 일반적으로 죽음은 잠에 비유된다. 하지만 실제로 죽음은 잠에서 깨어나는 것에 비유되어야 한다. 적어도 이렇게 비유되어야 죽음이 우리의 이해력을 넘어선 것이라는 말을 이해할 수 있게 된다. 사랑하는 아버지가 잠든 아이를 조심스러운 손길로 깨우는 것을 한번 상상해 보자. 아이는 놀라움과 두려움을 가지고 잠에서 깰 것이다. 왜냐하면 아버지의 손길의 침입을 받았던 그 꿈 속의 세계에서는 그것의 진정한 의미를 생각할 수 없기 때문이다. 인간 역시 삶에서 두려움을 가지고 죽음으로 깨어난다. 그리고 만약 의학적으로 사망한 후에, 그의 생명이 구원을 받는다면 그가 아무것도 기억하지 못하다는 것은 당연하다. 깨우는 사람은 그의 꿈을 기억하지만 꿈꾸는 사람은 자기가 자고 있다는 것을 모르기 때문이다.

당화될 수 있을 것이다.

임마누엘 칸트의 초월주의*를 엄격한 의미로 해석하면 의미에 대한 인간의 믿음은 초월적인 것이라고 부를 만하다. 알아 듣기 쉽게 설명해서 인간은 시간과 공간 속에서 사물을 인식하지 않으면, 그것을 인과관계의 틀 속에 적용시키지 않으면 사물을 제대로 인식할 수 없다. 바로 여기까지가 칸트의 말이다. 이제 내 주장은 이렇다. 인간은 존재의 저변 깊은 곳까지 들어가지 않으면 사지를 움직일 수 없다. 그리고 그런 존재의 깊은 곳으로부터 궁극적인 의미에 대한 기본적인 믿음을 갖게 된다.

그것이 없다면 그는 숨쉬기를 멈추어야 한다. 심지어 자살을 하는 사람에게도 그 자살이 타당한 것이라는 믿음이 있어야 한다. 따라서 의미에 대한 신뢰와 존재에 대한 믿음은 그것이 아무리 잠재되어 있는 것이라 할지라도 초월적인 것이고 그런 의미에서 필수불가결한 것이다. 그것은 없앨 수 없는 것이다. 우리는 어떤 사람이 종교적인 부끄러움으로 인해 억압을 받아온 사례들에 대해 토론했다. 그런 사람은 인간 세계와 신의 세계 사이에 놓여 있는 차원적인 차이점의 이치를 깨닫지 못한 채 종교의 이미지를 대해

---

*내 생각에 칸트는 그의 초월주의로 볼 때 권리 문제(a questio iuris)를 사실 문제(a questio facti)로 바꾸어 놓은 것 같다. 우리가 그런 범주를 사용하는 것이 정당한가 아닌가 하는 질문에 대한 대답은 우리가 그것 없이는 할 수 없다는 것, 그 동안 우리가 계속 그것을 사용해 왔다는 것을 보여줌으로써 가능하다는 점에서 그렇다. 우리가 무엇을 해야만 하는가 하고 묻는 것은 아무 의미가 없다.

온 사람들이다. 그러나 세상에는 차이점을 많이 모르고 있는 사람보다 아예 모르고 있는 사람도 있다. 그것을 직접 만져 보기 전에 어느 것도 진짜가 아니라고 주장하는 사람들이다. 그들은 신체적인 현상과 정신적인 현상의 차원적인 차이점조차도 인식하지 못하고 있다. 그러나 이런 사람들도 그 동안 자기들이 줄곧 전제조건으로 해왔던 기준에 의해 영향을 받을 수 있다. 이 생각을 구체적인 예를 들어 설명해 보자.

토론 중에 한 젊은이가 영혼이 보이지 않는 것이라면 그것에 대해 얘기하는 것이 타당하느냐는 질문을 해왔다. 아무리 현미경으로 뇌조직을 검사해 봐도 거기에 영혼 같은 것은 없다는 것이 그 젊은이의 말이었다. 사회자가 나에게 이 문제를 다루어 줄 것을 요청했다. 나는 우선 그 젊은이에게 무엇이 그로 하여금 그런 질문을 떠오르게 했는지를 물었다.

"제 지적인 정직함이지요." 그가 대답했다.

"자." 나는 그에게 계속 도전했.

"그것이 육체적인 건가요? 그것이 만져집니까? 그것이 현미경으로 볼 수 있는 것입니까?"

"물론 볼 수 없지요." 그가 인정했다.

"그것이 정신적인 것이기 때문입니다."

"아하." 내가 말했다.

"다른 말로 하자면 당신이 현미경으로 헛되이 찾고 있었던 것이 당신의 조사를 위한 어떤 조건, 그 동안 줄곧 당신에 의해 전제되어진 어떤 조건을 말하는 것이지요. 그렇지 않습니까?"

마르틴 하이데거가 생애 처음으로 빈에 와서 열대여섯 명의 학자 앞에서 세미나를 했다. 같은 날 저녁 빈 대학교 철학과 교수인 G와 나는 하이데거를 데리고 빈 호이리거(포도밭 주인이 자신이 직접 만든 와인을 파는 곳)로 갔다. 그때 우리는 아내들을 데리고 갔다. G 교수의 아내는 전문적인 철학자가 아니라 한때 오페라 가수로 날리던 사람이었는데, 그녀가 나에게 하이데거와 가진 세미나의 결론이 어떻게 났는지 쉬운 말로 설명해 달라고 했다. 나는 즉석에서 이런 이야기를 들려 주었다.

"옛날에 어떤 남자가 있었습니다. 그 남자는 망원경을 앞에 두고 무척 낙담해 하고 있었습니다. 왜냐하면 망원경으로 하늘을 사방으로 뒤져 태양계에 있는 어떤 행성을 찾았지만 찾을 수 없었기 때문입니다. 그 행성은 바로 지구라는 이름의 행성이었지요. 한 친구가 그를 마틴 하이데거라는 현자에게 데리고 갔습니다. '그대는 무엇을 찾고 있는가?' 하이데거가 천문학자에게 물었습니다. '지구입니다.' 남자는 탄식했습니다. '하지만 하늘 어디에서도 그것을 찾을 수 없군요.' '당신이 망원경의 삼각대를 어디에다 설치했는지 물어도 될까요?' 하이데거가 물었다. '물론 지구지요.' 즉각적으로 이런 대답이 나왔다. '됐어요.' 하이데거가 결론을 내렸다. '여기가 바로 그곳입니다.'

다시 말하자면 그가 찾고 있던 바로 그것이 이미 전제되어 있었던 바로 그것이라는 얘기다. '전제된'presupposed이라는 말은 글자 그대로 '미리'pre '그 밑에'sup underlying에 '놓여진'posed이라는 뜻을 가지고 있다.

마틴 하이데거는 나에게 자기 강의에서 이 이미지를 사용해도 되느냐고 양해를 구했다. 그는 스스로 말의 어원을 풀어서 설명하는 방법을 택했다. 나라고 이렇게 하지 못할 이유가 없지 않은가?

진실을 만질 수 있고, 볼 수 있는 것에만 국한시켜 놓은 사람들은 이런 이유로 인해 궁극적인 존재가 있다는 사실을 미리 거부하고 종교적인 감정을 억누르려고 한다. 사람들 중에는 너무나 현학적이어서 순진무구한 종교적 개념을 포용하지 못하는 사람이 있는가 하면 너무 미성숙해서 원시적인 인식론을 넘어서지 못하는 사람도 있다. 그들은 신은 볼 수 있어야 한다고 주장한다.

그러나 만약 그들이 어떤 단계에 오른다면 교훈을 얻게 될 것이다. 무대 밑과 위에서 비치는 조명에 눈이 부셔서 사람은 청중을 보지 못한다. 청중 대신에 커다란 검은 구멍이 그 앞에 있다. 그는 자기를 바라보고 있는 사람들을 보지 못한다. 그리고 인생의 무대 위에 서서 자기 삶에 주어진 역할을 하고 있는 사람은 자기가 누구 앞에서 그런 역할을 하고 있는지를 볼 수가 없다. 일상의 전경에서 일어나고 있는 일의 눈부신 빛 앞에서 인간은 때때로 자기가 관찰당하고 있다는 사실, 어둠 속에 묻혀진 어딘가에서 누군가가 자기를 바라보고 있다는 사실을 잊어버린다. 시편의 말씀대로 숨어 있을 장소로 어둠을 만든 존재가 자기를 바라보고 있다는 사실을 잊어버린다. 그리고 우리는 커튼이 젖혀지고 그가 하는 일이 모두 관찰된다는 사실을 그에게 알리고 싶은 충동을 종종 느끼곤 한다.

한국전 당시 포로수용소에 있던 북한군 포로들은 만약 그들이 세뇌에 굴복하지 않았으면 아무도 모르는 채, 아무도 그들의 영웅적인 행위를 알지 못한 채 죽음을 맞았을 것이라는 말을 들었다. 종교적이지 않은 사람에게는 그것으로부터 아무것도 얻는 것이 없다면, 단 한 사람이라도 그것에 대해 아는 사람이 없다면, 영웅적인 행위 자체가 의미 없는 일이 될 것임에 틀림이 없다.*

거대한 검은 공간이 상징들로 가득 차 있다. 인간이라는 존재는 상징을 만들어내는 존재이며, 또한 상징이 필요한 존재이다. 인간의 언어는 일종의 상징 체계이다. 종교도 마찬가지이다. 언어에 해당되는 것은 종교에서도 마찬가지로 적용된다. 말하자면 어느 누구도 우월감에 차서 어떤 언어가 다른 언어보다 우월하다고 주장할 수 없다는 것이다. 왜냐하면 각각의 언어를 가지고 진실에

---

*Joost A. M. Meerloo, 〈Pavlovian Strategy as a Weapon of Menticide〉, 《American Journal of Psychiatry》 110 : 809, 1954.

도달하는 것이 가능하며 그리고 마찬가지로 각각의 언어를 가지고 거짓에 도달하는 것도 가능하기 때문이다.

나는 최근의 동향이 종교 그 자체로부터 벗어났다고는 생각하지 않는다. 나는 최근의 동향이 어떤 종교들, 보다 정확하게 말하자면 어떤 종파들, 대표자들이 서로 공격하고 싸우는 일에만 관심을 쏟는 그런 종파로부터 벗어났다고 생각한다. 타임지의 특파원이 나에게 전화로 다음과 같은 질문을 했다.

"신이 죽었습니까?"

이렇게 물으며 그는 이 질문이 커버 스토리로 나갈 것이라고 했다. 그때 나는 우선 편집자에게 이 잡지가 마지막에 신을 '올해의 인물'로 선정할 것이냐고 물었다.

내가 최근의 동향이 종교 그 자체에서 멀리 떨어져 있다기보다는 각 종파 간의 차이를 강조하는 것에서 멀어져 있다는 말을 하자 타임지 기자가 물었다. 종파로부터 멀어졌다는 말이 곧 보편적인 종교를 지지한다는 뜻이 아니냐는 것이었다. 그러나 나는 전적으로 부인했다. 오히려 그 반대가 더 맞다고 할 수 있다. 최근의 동향은 아주 심하게 개인화된 종교로 옮아가고 있다. 그렇게 함으로써 모든 사람들이 자기 자신을 궁극적인 존재로 향하게 하고, 그 자신의 언어에 도달하고, 그 자신의 말을 발견하는 것이다.

그렇다면 당면한 문제는 어떻게 하나? 신은 죽었는가? 나는 신이 죽은 것이 아니라 침묵하고 있다고 말하고 싶다. 그러나 신은 언제나 침묵하고 있었다. '살아있는' 신은 언제나 '숨어 있는' 신이었다. 신이 당신의 부름에 대답을 해 줄 것이라고 기대해서는 안 된다. 바다의 깊이를 조사할 때에는 음파를 보낸 다음에 바다 밑에서부터 울려오는 메아리를 기다린다. 그러나 만약 신이 있다면 그는 무한한 존재이며, 따라서 그로부터 대답을 기다리는 것은 헛된 일이다. 어떤 대답도 돌아오지 않는다는 바로 그 사실이 당신의 외침이 수신자에게, 무한한 존재에 도달했다는 증거가 된다.

만약 당신이 하늘을 본다면 당신은 하늘을 볼 수 없다. 왜냐하면 당신이 하늘에서 보는 것은 그것이 무엇이든지 하늘 그 자체가 아니라 반대로 하늘을 가리고 있는 것, 즉 구름이기 때문이다. 신의 길은 하늘이 지구 위에 있는 것처럼 인간의 길보다 훨씬 높은 곳에 있는 것으로 알려져 있다. 지극히 높은 곳으로부터는 아무 빛도 반사되지 않는다. 지극히 깊은 곳으로부터는 아무 소리도 돌아오지 않는다.

고든 W. 알포트는 그의 유명한 저서 《개인과 그의 종교》에서 힌두교를 다루면서 지극히 개인적인 종교에 대해 언급했다. 각기 다른 개인들은 모두 신에 대해 다양한 개념을 가지고 있으며 같은 사람이라도 때에 따라 그 개념이 달라질 수 있다. 우리가 애정을 필요로 할 때 신은 사랑이 된다. 우리가 지식을 구할 때 그는 박식한 존재가 된다. 위안이 필요할 때, 그는 이해를 넘어 평화를 허락한다. 우리가 죄를 지었을 때, 그는 구원자가 된다. 신의 안내가 필요할 때 그는 성령이 된다.

힌두교의 재미있는 의식 가운데 하나가 머리 속에 떠오른다. 16세에서 18세 사이에 힌두교의 청소년들은 스승으로부터 신을 위한 이름을 받는다고 한다. 이 이름은 그의 일생 동안 기도의 개인적인 도구로, 그리고 신에게 자기 자신을 속박하는 개인적인 도구로 쓰일 것이다. 이런 풍습을 통해 힌두교는 기질과 욕구, 그리고 그 자신을 가르치는 능력이 대체로 종교적 진실에 대한 그의 접근법을 결정할 수밖에 없다는 사실을 인정하고 있다.

여기에서 우리는 종교 정서에 궁극적으로 존재하는 개인주의를 인정하고 있는 제도권 종교의 보기 드문 예를 보게 된다. 여기에 그치지 않고 인도에서는 개인의 특정한 요구에 적합한 신을 위한 이름을 반드시 가져야 할 뿐만 아니라 이 이름을 철저하게 비밀에 붙여 친한 친구는 물론 배우자에게도 말하지 않을 것을 권유받는다.

마지막에 개인은 자신의 신과 홀로 대면한다. 특히 가족들과 마을 사람들로 사람이 넘쳐나는 이 사회에서 비밀 서약이 지켜진다는 것이 이런 사실을 상징하고 있다.*

이것이 개별적인 종파를 의미하는 것일까 아니면 그런 의미

---

*Gordon W. Allport, 《The Individual and His Religion》, The Macmillan Company, New York, 1965, pp. 10 ff.

에서 종교 분야에 조직과 제도가 사라졌다는 것을 의미하는 것일까? 절대로 그런 것은 아니다. 인간이 궁극적인 존재에게 자기 자신을 표현하고 자기 자신을 쏟아붓는 형태가 아무리 사람마다 다르더라도 공유하고 있는 상징이 있으며, 상징의 공통저장고는 언제나 남아 있을 것이다. 그 모든 차이점에도 불구하고 그들의 언어는 같은 글자를 공동으로 가지고 있지 않은가?

마지막으로 처음으로 의사가 되었을 때 나 자신을 돌아보기로 하겠다. 나는 매일 같이 불치병에 걸린 환자를 만나야 했다. 노쇠해진 남자. 여전히 아이를 낳지 못하는 여자. 나는 자신이 겪는 고통의 궁극적인 의미를 묻는 울부짖음에 둘러싸여 있었다.

나는 강제수용소에 들어가 있는 나 자신을 발견했을 때, 그리고 그곳에서 내 첫번째 책의 원고를 빼앗겼을 때 이런 일시적인 고난을 직접 경험했다. 나중에 나의 죽음이 임박했을 때, 나는 내 인생이 과연 무엇이었나 물었다. 나를 계속해서 살아남게 할 수 있는 것이 아무것도 남아 있지 않았다. 자식도 없었다. 심지어는 영적인 자식이라 할 수 있는 원고도 남아 있지 않았다. 그러나 티푸스 열로 벌벌 떨면서 몇 시간 동안 내 절망과 씨름했다. 그리고 마침내 나는 나 자신에게 어떤 종류의 의미가 내 원고가 출판되고 안 되고에 좌우될 수 있는지 물었다. 나는 그것에 상관하지 않기로 했다. 만약 그것에 의미가 있다면 그것은 절대적인 의미이며, 시련을 겪는 것이나 죽는다고 해서 그 의미가 손상되지 않는 의미일 것이다.

　내 환자들에게 필요한 것은 절대적인 의미에 대한 절대적인 믿음이다. 내가 얘기한 삶의 무상함에 대해 한번 생각해 보라. 과거 속에서는 어느 것도 회복 불가능하게 잃어버릴 수가 없으며, 모든 것이 회복 불가능한 상태로 저장된다. 사람들은 무상함이라는 쭉정이만 남은 밭을 생각하고 자기들이 운반해 놓고 쌓아 놓은, 자기들이 저장해 놓은 수확물로 가득 찬 과거라는 풍성한 창고는 그냥 넘어간다.

　그러나 창고가 비어 있는 저 불쌍한 사람들은 어떻게 할까? 늙어버린 남자와 아이를 낳지 못한 여자, 책상이나 서랍을 원고로 가득 채우지 못하고 그냥 텅 빈 채로 내버려 둔 예술가나 과학자들을 어떻게 할까?

　절대적 의미에 대한 절대적 믿음이 완전한 실패를 영웅적인 승리로 바꾸어 놓을 수 있다. 이런 것이 가능하다는 사실은 같은 시대를 살고 있는 환자뿐만 아니라 성서 시대에 팔레스타인 어느 곳인가에 살았던 한 농부를 비롯한 많은 사람들에 의해 증명되었다. 그의 것은 글자 그대로 곡물창고였다. 그리고 그 창고들은 말 그대로 텅 비어 있었다. 그러나 궁극적인 의미에 대한 절대적인 믿음과 궁극적인 존재에 대한 절대적인 믿음에서 하박국은 이렇게 승리에 찬 찬송을 불렀다.

"무화과 나무가 꽃을 피우지 않아도, 포도가 열매를 맺지 않아도, 올리브 나무에서 거두어들일 것이 없고, 들이 먹을 것을 주지 않아도, 양떼로부터 양털을 자를 수 없고, 외양간에 소가 없어도, 나는 주 안에서 즐거워하리. 구원자인 하나님 안에서 기뻐할 지어다."

내 책에서 바로 이런 점을 배우기를 바란다.

후기 : 로고테라피의 탈권위화

1980년 샌 디에고에서 열린 세계대회에서 나는 개막 연설을 해 달라는 부탁을 받았다. 행사를 주관한 측에서 연설의 형태와 관련해 특별한 주문을 했다. '내가 죽은 후에 로고테라피가 어떻게 될 것이라고 생각하는가?' 라는 제목으로 연설을 해 달라는 것이었다. 말하자면 백조의 노래를 부르고, 유언을 하는 것이다. 그러나 나는 로고테라피의 미래를 미리 내다보는 예언자도 아니고, 로고테라피의 미래가 이래야 한다고 선언하는 정신적 지도자도 아니다. 사실 이 연설을 위해 내가 정한 제목은 〈탈권위화로 가고 있는 로고테라피〉였다. 왜냐하면 로고테라피의 미래가 모두 로고테라피 치료 의사들의 손에 달려 있기 때문이다.

나는 《골렘》이라는 소설과, 이 소설을 바탕으로 만든 영화로 유명해진 프라하의 마하랄이라는 랍비의 후손이다. 그 랍비는 당시 오스트리아 황제와 절친한 친구였고, 골렘은 그 랍비가 진흙으로 만든 로봇이었다. 그러나 나와 내가 존경하는 조상 사이에는 수세대의 간격이 있고, 그러는 동안 로봇을 만드는 일에 대한 관심은 사라지고 말았다. 나는 로봇을 만드는 일에는 흥미가 없고, 주인의 목소리만 따라 하는 앵무새를 기르는 일에도 흥미가 없다. 그러나 나는 앞으로 로고테라피가 독립적이고, 독창적이고, 혁신적이고, 창의적인 영혼에게 인계되어서 계속 되었으면 하는 바람을 갖고 있다.

로고테라피는 인간의 의미를 추구하는 존재로, 그리고 그것을 완수할 책임이 있는 존재로 간주하고 있다. 로고테라피는 인간으로 하여금 그가 '책임져야 할 것에 대해' '책임감을 갖고 있다'는 것을 인식하도록 하는 것을 그 자신의 과제로 삼고 있다. 이것은 로고테라피 치료 의사에게도 해당되는 말이다. 그 역시 스스로 자기 책임이 무엇인지 자각하고 있어야 한다. 다른 말로 하자면 그가 하나의 독립된 영혼이 되어야 한다는 말이다.

로고테라피가 '권위화' 되었다는 비난으로부터 로고테라피를 지킨 사람은 로이벤 P. 불카*이다. 그런가 하면 엘리자베스 S. 루카스**는 최근에 출간한 책에서 정신치료의 역사를 통틀어서 로고테라피만큼 비독선적이고, 개방적인 학파는 일찍이 없었다고 말했다. 실제로 로고테라피는 개방된 구조를 가지고 있다. 그러나 우리는 그것이 개방적일 뿐만 아니라 하나의 체계로서 존재한다는 사실을 고백하지 않을 수 없다. 오테가 이 가세트(Ortega y Gasset)의 말대로 결국 '체계가 사상가의 자부심'인 것이다.

J. B. 토렐로***는 정신치료의 역사에서 체계적으로 조직된 구조 안에서 그 이론을 발전시켜 온 마지막 학파가 바로 로고테라피라고 단언했다.

이런 사실이 《실존적 정신의학》지가 나에게 붙여준 '로고테라피의 아버지'로서 내 위치를 거부하거나 폄하하는 것은 아니다. 로고테라피에 관한 한 '아버지로서의 자격이 결코 확실한 것이 아니다' pater semper incertus라는 라틴어 격언이 적용될 수는 없다. 하지만 내가 아버지라는 사실, 보다 쉽게 얘기해서 내가 로고테라피의 창안자라는 말은 곧 기초를 놓았다는 것 이상의 의미를 가지고 있지 않다. 반대로 기초라는 것은 그 기초 위에 건물을 계속 지어나갈 다른 사람들에게 보내는 초대장에 다름 아니다. 내 책을 읽고 또 다시 읽고 하는 것은 그들에게 로고테라피를 재창조하도록 하

---

* Reuven P. Bulka, 〈Is Logotherapy Authoritarian?〉, 《Journal of Humanistic Psychology》 18 (4), 1978, pp. 45-54.
** Elisabeth S. Lukas, 《Auch dein Leben hat Sinn : Logotherapeutisch Wege zur Gesundung》, Freiburg, Herder, 1980.
*** J. B. Torello, 〈Viktor E. Frankl, l'homme〉, Vikor E. Frankl, 《La psychotherapie et son image de l'homme》, Paris, Resma, 1970.

는 것이며, 그렇게 함으로써 로고테라피의 발전에 쏟는 그들의 시간이 절약될 수 있다.

로고테라피는 두 가지 측면에서 개방적인 체계라고 할 수 있다. 하나는 그 자체의 진보에 개방적이며, 다른 하나는 다른 학파들과의 협력에 개방적이라는 것이다. 이 두 가지 개방성이 이미 열매를 맺었다는 사실은 40명의 학자(나는 포함하지 않고)들이 로고테라피에 관한 책을 57권이나 냈으며, 이것이 15개국 언어로 번역되었으며, 같은 주제를 다룬 논문이 112개나 나왔다는 사실에서도 알 수 있다.

다양한 필자들이 다양한 수준의 지적인 영역에서 로고테라피를 다루고 있다. 통속물은 말할 것도 없고 대중물과 문학에서부터 경험담, 심지어는 실험적인 내용을 담은 출판물에 이르기까지 거의 모든 영역을 섭렵하고 있으며, 그들 모두 각기 다른 방향으로 움직이고 있다. 관점의 차이가 때로는 서로 빗나가는 결과를 초래할 때도 있다. 따라서 우리는 이렇게 물을 수 있다. "그렇다면 어디까지가 로고테라피이고, 어디서부터는 로고테라피가 아닌가?" 나는 이런 질문에 대해 순수하고 고유한 로고테라피는 내 책에 쓰여 있는 바로 그것이라는 말로 쉽고 간단하게 대답할 수 있었다. 하지만 로고테라피 치료 의사들에게는 프랭클 박사의 말에 무조건 따를 필요가 없다는 말을 하고 싶다.

독자는 자기가 믿을 만하다고 확인한 것만 응용할 수 있다.

당신 스스로 믿지 못하는 것을 다른 사람에게 설득시킬 수는 없다. 이것은 특히 삶에 진정으로 의미가 있으며, 그 의미는 절대적인 것이며, 마지막 순간까지, 숨을 거두는 바로 그 순간까지 남아서 죽음 그 자체에도 의미가 부여된다는 로고테라피 치료 의사의 신념에 적용된다. 그리고 내 신념에 찬성하는 독자가 있다면 그는 내 글에서 이런 신념을 강화시키는데 필요한 이야기를 모두 찾을 수 있을 것이다.

우리가 후자 쪽으로 마음을 돌리면, 다시 말해 삶이란 절대적으로 의미 있는 것이라는 생각으로 마음을 돌리면, 우리는 그들을 돕는 로고테라피 치료 의사라는 직업에 새로운 정의를 내리게 될 것이다. 보다 구체적으로 말하자면 자기 삶에서 어떤 의미를 찾아내려고 하는 인간의 기본적이고 궁극적인 열망에 기반해서 환자들을 돕는 직업이라고 새롭게 정의할 수 있다는 말이다. 그렇게 함으로써 환자를 돕는 직업에 종사하는 사람들은 거꾸로 자기 자신의 삶을 위한 임무와 과제를 스스로 발견하게 된다. 《Who's who in America》의 편집자가 내 삶을 한마디로 요약해 달라고 요청했을 때, 나는 여러 사람이 짐작할 수 있는 말을 사용해서 대답했다.

"나는 다른 사람들이 자신의 삶에서 의미를 찾도록 도와 주는 데에 내 삶의 의미를 두고 있습니다."

로고테라피의 진보는 다양한 응용 분야에서 뿐만 아니라 그 자체의 기반을 다지는 작업에서도 이루어졌다. 일단의 학자들이 너무 오랜 시간 동안 오로지 직관적인 근거, 보다 구체적으로 말해서 빅터 프랭클이라는 십대 소년의 직관력을 기반으로 이루어 놓은 연구 결과들을 정리하고, 입증하고, 확인하기 위해 많은 일을 해왔다. 그 결과 이제 로고테라피는 검사와 통계와 실험을 근거로 한 연구 기반 위에 과학적으로 자리잡게 되었다.

1. 지금까지 발터 브로크만, 제임스 크럼보우, 버나드 단사르트, 브루노 지오르지, 루쓰 하블라스, 푸첼, 제랄드 코바치크, 엘리자베스 루카스, 레오나드 마홀릭 그리고 패트리시아 슈타르크가 로고테라피 치료법에 대한 검사를 실시했다.
2. 통계로 말하자면 브라운, 카스카니, 크럼보우, 단자르트, 뒤르락, 크라토취빌, 루카스, 런스포르드, 메이슨, 마이어, 머피, 플라노바, 포필스키, 리치몬드, 로버츠, 루크, 잘레, 스미스, 야르넬, 그리고 영이 했던 조사 결과를 지적할 수 있을 것이다.

이들의 조사는 인간이 성별과 나이, 지능, 교육 정도, 환경, 성격과 상관없이, 혹은 종교를 가지고 있느냐 없느냐에 상관없이, 그리고 만약 종교를 가지고 있다면 그것이 어느 종파에 속하느냐에 상관없이 자기 삶 속에서 삶의 의미를 발견하고 성취할 수 있다는 경험적인 증거를 보여 주고 있다. 이 학자들은 삶의 절대적이고 잠재적 의미를 보여 주는 경험적인 증거를 얻기 위해 수없이 많은 주제들로부터 얻은 수없이 많은 데이터를 전산화했다.

그러나 이와는 대립되는 증상, 말하자면 삶이 무의미하다는 생각, 보다 구체적으로 말해서 그로 인해 생기는 noological 신경증에 관한 연구 역시 상당 부분이 통계학적인 방법으로 이루어져 왔다. 각각 독립적으로 진행된 연구 프로젝트들을 보면 하나 같이 신경증의 20퍼센트 정도가 그 특성이나 원인으로 볼 때 noological 신경증이라는 결론을 내리고 있다. 프랑크 M 버클리, 에릭 클린거, 카츠미츠 포필스키, 한스 요하임 프릴, 니나 톨, 루스 포하르트 그리고 T. A. 베르너의 연구가 바로 그런 것이라 할 수 있다.

3. 실험에 관해서 말하자면 L. 솔리엄, P. 가르차 페터, B. L. 레드비지, C. 솔리엄*이 역설 의도라는 로고테라피 치료법이

---

* L. Solyom, J. Garza-Perez, B. L. Ledwidge and C. Solyom, 〈Paradoxical Intention in the Treatment of Obsessive Thoughts : A Pilot Study〉, 《Comprehensive Psychiatry》 13 (3), 1972, pp. 291-297.
** Ralph M. Turner and L. Michael Ascher, 〈Controlled Comparison of Progressive Relaxation, Stimulus Control, and Paradoxical Intention Therapies for Insomnia〉, 《Journal of Consulting and Clinical Psychology》 47 (3), 1979, pp. 500-508.
L. Michael Ascher and Ralph M. Turner, 〈A Comparison of Two Methods for the Administration of Paradoxical Intention〉, 《Behav, Res, and Therapy》 18, 1980, pp. 121-126.

효과가 있다는 것을 실험적으로 증명한 최초의 사람들일 것이다. 보다 최근에 L. 마이클 아셔와 랄프 M. 터너**가 다른 행동치료법과 비교해서 역설 의도가 임상적인 효과가 있다는 사실을 경험을 통해 확인했다.

우리는 로고테라피의 과학적 근거를 인정하는 것만큼이나 그것이 손해를 보고 있다는 것도 알아야 한다. 나는 로고테라피가 엄밀한 의미에서 너무 과학적인 것이 되는 바람에 대중적인 것이 되지 못하는 것이 아닌가 생각한다. 하지만 아이러니컬하게도 로고테라피가 과학이라는 범주에 완전히 수용되기에는 너무 혁신적이다. 이것은 그다지 놀랄 만한 일이 아니다. 인간의 기본적인 동기로서 의미를 찾으려는 의지라는 개념은 현존하는 모든 동기 이론의 입장에서 보자면 일종의 타격이라고 할 수 있다. 이런 동기 이론들은 지금도 여전히 항상성의 원리, 즉 인간을 단지 충동과 본능을 충족시키고, 욕구를 채우기 위해 세상에 태어난 존재로 보고, 이 모든 것들을 긴장이 없는 마음의 평정 상태를 유지하고 회복하기 위한 것으로 본다는 항상성의 원리에 기반을 두고 있다.

그가 사랑하는 친근한 존재들, 그가 내놓는 주장들을 모두 충동과 본능과 욕구가 곧바로 충족되고 채워지지 않기 때문에 생기는 긴장을 몰아내기 위해 그에게 봉사하는 도구에 불과한 존재로만 생각한다. 다른 말로 하자면 현행 동기 이론의 기초가 되는 인간상에서는 로고테라피가 인간 존재의 본질이라고 생각하고 있는 자기 초월성이 완전히 배제되어 있다는 말이다. 그러나 인간은 억제된 본능을 그저 충족시키는 존재도, 자극에 단지 반응만 하는 존재도 아니다. 인간은 세계 안으로 들어가 어떤 행동을 하는 존재, 하이데거의 말을 빌자면 '세계 내의 존재' being-in-the-world이며, 그가 살고 있는 세상은 인간이 그것을 향해 자기를 초월할 수 있는 다른 존재와 의미들로 충만해 있는 곳이다. 의미를 찾으려는 의지에 집중되어 있는 인간의 관점을 그의 동기로 받아들이지 않는다면 우리가 어떻게 의미를 찾으려는 의지의 좌절에서 오는 우리 시대의 병들과 싸울 수 있겠는가?

그런데 로고테라피에 있어서 혁신적인 것은 의미를 찾으려는 의지라는 개념만이 아니다. 삶에서의 의미라는 개념도 혁신적이다. 로고테라피 치료 의사들은 정말로 금기를 깨버렸다. 니콜라스 모슬리는 자기 소설에서 이렇게 얘기했다.

"오늘날에는 한때 섹스를 금기시했던 것과 같은 방식으로 금기시하는 주제가 존재한다. 그것은 인생에 어떤 의미가 있는 것처럼 말하는 것이다."*

---

* Nicholas Mosley, 《Natalie Natalia》, New York, Coward, McCann and Geoghegan.

로고테라피 치료 의사들은 인생이라는 것을 언제나 어떤 의미를 가지고 있는 것이라고 얘기한다. 이것은 실존적 좌절에 의해 생기는 noological 신경증에는 필수적이다. 여기서 로고테라피는 하나의 특별한 치료법으로, 보다 전문적인 용어를 써서 표현하자면 '선택의 방법'을 사용한다.

그러면 어떤 특정한 경우에 어떤 치료법을 쓸 것인가를 결정하는 문제가 대두된다. 나는 어떤 주어진 사례에 어떤 방법을 쓸 것인가 선택하는 문제는 결국 두 개의 미지수를 가진 등식과 같다는 말을 하고 싶다.

$$\psi = X + Y$$

X는 환자의 성격적인 특성을 나타내는 것이고, Y는 치료 의사의 성격적인 특성을 나타내는 것이다. 다른 말로 하자면 모든 개별적인 방법들을 모든 개별적인 환자에게 똑같이 성공적으로 적용할 수는 없으며, 모든 개별적인 치료사들이 모든 개별적인 방법들을 똑같이 성공적으로 다룰 수 있는 것도 아니라는 말이 된다. 환자에게 어떤 방법을 적용하는가 하는 문제와 관련해 위대한 정신과 의사 비어드는 이런 말을 했다.

"만약 당신이 두 사람의 신경쇠약 환자를 똑같은 방법으로 치료한다면 적어도 그중 한 사람에게는 잘못된 방법을 쓰고 있는 것이라 할 수 있다."

그리고 치료사에게 치료법을 적응시키는 문제와 관련해서는 또 한 사람의 위대한 학자가 정신의학에 도입된 치료 방법을 소개하면서 한 얘기가 있다.

"이 방법이 내 성격에 제일 맞는 방법이라는 사실이 입증되었다. 하지만 나는 다른 의사가 앞에 있는 환자와 과제에 대해 이와는 전혀 다른 태도를 취하고 싶은 생각을 가질 수 있다는 사실을 굳이 부인하지는 않겠다."

이 말을 한 사람은 바로 지그문트 프로이트였다.*

로고테라피가 지나치게 개별화될 수는 없다. 그러나 방법은 사람에 따라서 상황에 따라서 달라질 수 있다. 로고테라피 치료사들은 개별화되어야 할 뿐만 아니라 임시변통에 능해야 한다. 치료사들은 책을 통해서 뿐만 아니라 교실에서 보여 주는 실제 사례를 통해 이런 테크닉을 배울 수 있다. 세계 여러 나라에서 활동하는 유명한 로고테라피 의사 중에는 나와 만난 적은 물론 편지 왕래조

---

* Sigmund Freud, quoted from Sandoz Psychiatric Sqectator.

차 한 적이 없는 사람들도 있다는 것을 믿어 주기 바란다. 그들은 내 책을 읽고, 그 책에 담긴 내용을 바탕으로 해서 로고테라피를 성공적으로 적용한 사례를 담은 책들을 펴냈다. 그런가 하면 이 세상에는 로고테라피에 대한 책을 읽고 이것을 자기 자신에게 성공적으로 적용시킨 사람들도 있다. 이런 사람들이 보여 준 창의성은 '책을 통해 스스로 터득한 로고테라피' auto-bilio-logotherapy라는 말로 극찬을 받아 마땅한 것이다.

내가 앞에서 무슨 말을 했던지 간에 로고테라피가 만병통치술은 아니라는 사실은 짚고 넘어가야 할 것 같다. 때문에 로고테라피는 다른 학파와 협력하는 것에 대해 개방적일 뿐만 아니라 이것을 다른 테크닉과 결합하는 것은 장려하고 환영할 만한 일이라고 생각한다. 이런 과정을 통해 치료 효과가 증대되고 확대된다. 아나톨 브로야드*가 내 책에 대한 서평에서 한 다음과 같은 지당한 말을 했다.

> "프로이트의 정신분석학자들을 몸을 '움츠리는' 사람들이라고 한다면 로고테라피 정신분석학자들은 팔다리를 '길게 뻗는' 사람들이라고 할 수 있다."

---

* Anatole Broyad, 〈The New York Times〉, November 26, 1975.

그러니 이제 로고테라피가 미치는 범위를 더욱 길게 뻗어 보자. 아니, 그보다는 앞으로 계속 그렇게 해나가도록 하자고 말하는 편이 더 좋을 것 같다.

그러나 방법만이 전부는 아니다. 정신치료는 지혜의 요소를 반드시 포함하고 있어야 한다는 점에서 단순한 테크닉 이상의 것이다. 기술과 지혜는 테크닉과 만남 사이에 놓여 있는 이분법이 사라지고 해소되는 곳에서 전체성과 통일성을 이룬다. 그런 양극단은 오로지 예외적인 상황에서만 정신치료적인 중재를 해주는 확실한 기반이 된다.

일반적으로 정신치료는 다음과 같은 요소를 포함하고 있는데, 하나는 전략이고, 다른 하나는 '너와 너'의 관계이다.

음악을 공부하고 있는 한 미국 여학생*이 분석을 받기 위해 빈에 있는 나를 찾아왔다. 하지만 그녀가 워낙 미국식 구어체로 말을 했기 때문에 나는 한마디도 알아 들을 수가 없었다. 그래서 나는 미국인 의사에게 그녀를 보내 그녀가 나를 찾아온 이유가 무엇인지 알아달라고 했다. 하지만 그녀는 그 의사를 찾아가지 않았다. 그 후 길거리에서 그녀를 우연히 만나게 되었는데, 그때 그녀가 이렇게 소리쳤다.

---

*Viktor E. Frankl, 《Psychotherapy and Existentialism : Selected Papers on Logotherapy》, New York, Touchstone, 1978.

"보세요, 선생님. 선생님께 내 문제를 털어 놓고 나서 마음의 안정을 얻었어요. 그래서 더 이상 도움이 필요 없게 되었지요."

그래서 지금까지도 왜 그녀가 나를 찾아왔는지 모르고 있다.

또 다른 극단적인 예를 들어 보기로 보겠다. 1941년의 어느 날 아침, 나는 게슈타포 본부로부터 호출을 받았다. 나는 곧바로 강제수용소로 보내질 것이라는 생각으로 그곳에 갔다. 한 게슈타포 요원이 자기 방에서 나를 기다리고 있었다. 그는 나를 반대심문에 끌어들이기 시작했다. 그러다가는 곧 주제를 바꾸어서 다음과 같은 질문을 던지기 시작했다. 정신치료란 무엇인가? 신경증이란 무엇인가? 공포증은 어떻게 치료하나? 그러더니 이번에는 특수한 사례, 즉 '자기 친구'에 대해 물어 보기 시작했다. 하지만 나는 그가 토론하고 싶은 것이 그 자신의 사례라는 것을 알아차렸다. 나는 단기 치료를 시작했다. 보다 구체적으로 말하자면 역설의도라는 로고테라피 치료기법을 적용했다.

나는 게슈타포 요원에게 '그 친구에게' 불안 증세가 나타날 때 이렇게 저렇게 하라고 말하라고 했다. 이런 치료 활동은 '너와 너'의 관계에 기반을 두었다기보다는 '너와 그'의 관계에 기반을 둔 것이라 할 수 있다. 그 게슈타포 요원은 나를 몇 시간 동안 붙잡아 두었고, 그 동안 나는 이런 간접적인 방법으로 그를 치료했다. 이 단기간의 치료가 얼마나 효과가 있었는지 알 수 없었다. 하지만 나와 내 가족에게 있어서 그것은 생명을 구하는 순간이었다.

왜냐하면 우리 가족은 그 때문에 강제수용소로 보내지기 전에 1년 동안 빈에 머물 수 있는 허락을 받았기 때문이다.

여기에서 내가 말하고 싶은 것은 테크닉을 얕잡아 보면서 간단히 처리해서는 안 된다는 것이다. 그러나 역설 의도와 같은 로고테라피 치료기법에 관해서 얘기하자면 L. 마이클 아셔의 말대로 역설 의도는 매우 독창적인 치료법이라 할 수 있다.

"대부분의 치료법은 특정한 테크닉을 가지고 있으며, 이런 테크닉들은 다른 치료체계에는 유용하지 않거나 적절하지 않은 경우가 대부분이다. 그러나 이런 주장에서 눈에 뜨이는 예외가 있는데, 그것이 바로 역설 의도이다. 전혀 다른 다양한 접근법을 구사하는 많은 전문가들이 이 매개물을 실제적으로나 이론적으로 그들의 체계 안으로 끌어들였다는 점에서 예외라는 것이다."*

나는 이런 '결합'에 반대하지 않는다. 로고테라피 치료 의사들은 로고테라피의 명성을 높이기 위해 환자를 치료하는 것이 아니라 그들에게 도움을 주기 위해 치료한다. 그러나 이제 로고테라피의 미래를 내다 보기 보다는 로고테라피의 과거를 돌아보기로 하자. 어네스트 핵켈의 생물 발생 법칙에 따르면 '개체 발생은 계통 발생을 축약해 놓은 것이다'라고 하는데, '제3 빈 정신의학 학

---

*L. Michael Ascher, 〈Paradoxical Intention〉, 《Handbook of Behavior Interventions》, A. Goldstein and E. B. Foa, eds., New York, Wiley, 1980.

파' 인 로고테라피에도 이런 법칙이 적용된다.

나는 여러 가지 점에서 프로이트 학파와 아들러 학파와 친분을 맺고 있었다. 나는 고교 시절 지그문트 프로이트와 서신을 교환했고, 의대생일 때에는 그와 직접 만나기도 했다. 일찍이 1924년에 내가 쓴 글이 프로이트에 의해《세계 정신분석 학술지》에 실렸으며, 그로부터 1년이 채 안 된 1925년에 알프레드 아들러의《International Journal of Individual Psychology》에 글을 발표하기도 했다. 하지만 그로부터 2년 후에 그는 아들러 학파에서 나를 추방해야 한다고 주장했다. 내가 너무 정통에서 벗어나 있었던 것이다.

그러나 각각의 정신치료 학파를 창시한 사람들을 보면 결국은 자기가 만들어낸 체계 안에서 자기가 직접 겪은 신경증에 대해 얘기하고, 자기 책에 자신의 개인사에 대해 쓰고 있다는 주장에 대해서 어떻게 생각하는가? 물론 이 상황에서 내가 프로이트나 아들러에 대해 말할 자격은 없다고 생각한다. 하지만 로고테라피와 관련되는 한 나는 내가 젊은이로서 삶의 명백한 무의미함에 대한 좌절과 같은 지옥을 직접 경험했으며, 허무에 대항하는 면역체를 만들어내기 전까지 총체적이고 궁극적인 허무주의를 경험했다는 것을 진심으로 고백한다. 그래서 나는 로고테라피를 창안했다. 다른 학자들이 독자들에게 허무주의에 대항할 수 있는 면역력을 심어주는 대신 자신들의 냉소주의를 심어 주었다는 것은 슬픈 일이다. 그런 냉소주의에 대항해서 그들이 구축해 놓은 방어기재와 반동 형성이 바로 허무주의인 것이다.*

슬픈 일이다. 왜냐하면 오늘날 삶의 명백한 무의미함에 대한 좌절이 전세계적으로 가장 긴급하고 총체적인 문제가 되었기 때문이다. 우리 산업사회는 모든 개별적인 요구들을 충족시키기 위해 생겨났으며, 우리 소비사회는 그것들을 만족시키기 위해 심지어 새로운 요구를 만들어내기도 한다. 그러나 가장 중요한 요구, 의미를 향한 요구는 종종 무시되고 경시되고 있다. 그것은 정말로 '중요한' 것이다. 왜냐하면 일단 의미를 찾으려는 인간의 의지가 충족되면, 그는 시련을 견딜 수 있고, 좌절과 긴장을 극복할 수 있으며, 그리고 필요에 따라서는 자기 목숨도 기꺼이 내놓을 수 있기 때문이다. 역사를 통해 계속 되어온 그리고 오늘날에도 계속되고 있는 정치적 저항운동만 보아도 그렇다. 만약 의미를 찾고자 하는 인간의 의지가 좌절되면 인간은 자기 목숨을 끊고 싶어 하며, 그 모든 부귀영화 속에서도, 그 모든 부귀영화에도 불구하고 결국 그 일을 감행하고 만다. 스웨덴이나 오스트리아와 같은 대표적인 복지국가에서 자살하는 숫자가 압도적으로 많은 것만 보아도 알 수 있다.

---

*Viktor E. Frankl, 《The Unheard Cry for Meaning : Psychotherapy and Humanism》, New York, Touchstone, 1979.

10년 전에 《The American Journal of Psychiatry》에 실린 내 책에 대한 서평에서 나는 로고테라피가 던져주는 메시지의 특징을 '절대적 의미에 대한 절대적 믿음'이라고 하면서 다음과 같은 질문을 던졌다. "1970년대로 접어들면 과연 어떤 치료법이 우리에게 적합한 치료법이 될까?" 1980년대로 접어 들어서면서 아더 G. 워쓰*는 "로고테라피는 지금처럼 중대한 과도기에 특별히 적합한 치료법이다"라는 말로 자신의 믿음을 나타냈다. 여기서 그가 말하는 과도기는 '후-석유 사회'로의 이행기를 의미하는 것이다. 내 생각에 현재의 에너지 부족과 같은 위기는 불운인 동시에 기회이기도 하다. 이것이 단순한 수단에서 의미로, 물질적인 상품에서 실존적인 요구로 강조점이 옮겨가도록 하는 동기가 될 수 있다. 에너지에는 한계가 있다. 그러나 삶에서는 의미의 공급 부족 현상이라는 것이 없다.

몇몇 학자들이 주장한 대로 만약 '로고테라피 치료 운동'이라는 것이 있다면 그것은 분명히 인권운동에 속하는 것일 것이다. 그것은 가능한 한 의미 있는 삶에 대한 인간의 권리에 초점을 맞추고 있다.

---

* Arthur G. Wirth, 〈Logotherapy and Education in a Post-Petroleum Society〉, 《The International Forum for Logotherapy》 2 (3), 1980, pp. 29-32.

나는 내 첫번째 책의 결론을 다음과 같은 말로 맺었었다.

"로고테라피는 무인도이다. 아! 그 약속의 땅이여!"

이렇게 말하고 나서 여러 해가 지났다. 이제 그 무인도에 사람이 살고 있다. 그리고 그 땅에 살고 있는 사람들이 그 '약속'이 이루어질 날이 다가오고 있다는 것을 보여 줄 것이다.

ём # 참고 문헌

※ 로고테라피에 대한 종합적인 온라인 참고 문헌과 빅터 프랭클의 모든 저서는 빅터 프랭클 연구소 홈페이지 (www.viktorfrankl.org)에서 확인할 수 있습니다.

Man's Search for Meaning. An Introduction to Logotherapy. Beacon Press, Boston, 2006; and Random House/Rider 2008

The Doctor and the Soul. From Psychotherapy to Logotherapy. Alfred A. Knopf, New York, 1986. Paperback edition: Souvenir, London, 2004

The Will to Meaning: Foundations and Applications of Logotherapy. New York and Cleveland, The World Publishing Company, 1969. Paperback edition, New American Library, New York, 1989

The Unheard Cry for Meaning. Psychotherapy and Humanism. Simon and Schuster, New York, und Hodder and Stoughton, London, 1988

Viktor Frankl - Recollections. An Autobiography. Insight Books, Perseus Books Publishing, New York 1997; Paperback edition: Perseus Book Group, New York, 2000

Man's Search for Ultimate Meaning. (A revised and extended edition of The Unconscious God; with a Foreword by Swanee Hunt). Perseus Book Publishing, New York, 1997; Paperback edition: Perseus Book Group; New York, 2000

On the Theory and Therapy of Mental Disorders. An Introduction to Logotherapy and Existential Analysis. Translated by James M. DuBois. Brunner-Routledge, London-New York ISBN: 0415950295

The Feeling of Meaninglessness - A Challenge to Psychotherapy and Philosophy. Edited &with an Introduction by Alexander Batthy?ny. Marquette University Press, Milwaukee 2010; Marquette Studies in Philosophy Vol. 60. ISBN 978-0-87462-758-9 also 2008, ISBN 987-1-84-604124-2

이시형

경북대학교 의과대학을 졸업하고 미국 예일 대학 병원 연구원과 경북대 의대 교수를 거쳐 강북삼성병원장을 역임하였다. 서울대 의대에 출강, 사회정신건강연구소장, 한국정신의학연구재단 이사장직을 맡는 등 활발한 사회활동을 했다. 현재 동남신경정신과에서 전문의로 활동하고 있다. 저서로는 《배짱으로 삽시다》《아담을 아느냐》《여자는 모른다》《내가 사랑하는 남자》《멋대로 키워라》《자녀 크게 멀리보고 키워라》 등이 있다.

삶의 의미를 찾아서

빅터 프랭클 지음 / 이시형 옮김

초판 1쇄 인쇄·2005. 10. 7.
초판 6쇄 발행·2017. 9. 20.

발행처·청아출판사
발행인·이상용 이성훈

등록번호·제 9-84호
등록일자·1979. 11. 13.

경기도 파주시 회동길 363-15
대표 031-955-6031 팩시밀리 031-955-6036

ISBN 978-89-368-0327-8 03180

: 값은 뒤표지에 있습니다.
: 잘못된 책은 바꾸어 드립니다.

: E-mail : chungabook@naver.com